福岡県公立高等学校

令和５年度学力検査問題

国　語

（50分）

注意

1　監督者の開始の合図があるまで，この問題冊子を開かないでください。

2　問題は，１ページから10ページまであります。

3　解答は，全て解答用紙の所定の欄に記入してください。

4　解答用紙の※印の欄には，何も記入しないでください。

5　監督者の終了の合図で筆記用具を置き，解答面を下に向け，広げて机の上に置いてください。

6　解答用紙だけを提出し，問題冊子は持ち帰ってください。

2023(R5) 福岡県公立高
K 教英出版

一

(1)と(2)について答えよ。

(1)　次の【文章】を読んで、後の各問に答えよ。句読点等は字数として数えること。

【文章】

「時間どろぼう」という言葉を記憶している読者は多いだろう。ドイツの作家ミヒャエル・エンデ作『モモ』に出てくる言葉である。時間貯蓄銀行から派遣された灰色の男たちによって、人々の時間が盗まれていく。それをモモという少女が活躍してとりもどす。そのために彼女がとった手段は、ただ相手に会って話を聞くことだった。このファンタジーは現代の日本で、ますます重要な意味をもちつつあるのではないだろうか。

　時間とは記憶によって紡《つむ》がれるものである。かつて距離は時間の関数だった。だから、遠い距離を旅した記憶は、かかった時間で表現された。「七日も歩いて着いた国」といえば、ずいぶん遠いところへ旅をしたことになった。その間に出会った多くの景色や人々は記憶のなかに時間の経過とともにならび、出発点と到着点を結ぶ物語となった。

　しかし、今は違う。東京の人々にとって飛行機で行く沖縄は、バスで行く名古屋より近い。移動手段の発達によって、距離は時間では測れなくなった。

　時間にとって代わったのは費用である。①「（　X　）なり」ということわざは、もともと時間はお金と同じように貴重なものだから大切にしなければいけないという意味だった。ところが、次第に「時間は金で買えるもの」という意味に変わってきた。特急料金をはらえば、普通列車で行くより時間を短縮できる。速達郵便は普通郵便よりも料金が高いし、航空便は船便より費用がかさむ。同時に、距離も時間と同じように金に換算されて話題に上るようになった。

　しかし、これは②大きな勘違いを生むもととなった。金は時間のように記憶によって蓄積できるものではない。本来、金は今ある可能性や価値を、劣化しない紙幣や硬貨に代えて、それを将来に担保する装置である。いわば時間を止めて、その価値や可能性が持続的であることを認める装置だ。しかし、実はその持続性や普遍性は危うい約束事や予測の上に成り立っている。今の価値が将来も変わることなく続くかもしれないが、もっと大きくなったり、ゼロになるかもしれない。リーマン・ショックに代表される近年の金融危機は、そのことを如実《にょじつ》に物語っている。

　時間には決して金に換算できない側面がある。たとえば、子どもが成長するには時間が必要だ。金をかければ、子どもの成長を物質的に豊かにできるかもしれないが、成長にかかる時間を短縮することはできない。そして、時間が紡ぎだす記憶を金に換算することもできないのだ。社会で生きていくための信頼を金で買えない理由がここにある。信頼は人々の間に生じた優しい記憶によって育てられ、維持されるからである。

　③人々の信頼でつくられるネットワークを社会資本という。何か困った問題が起こったとき、ひとりでは解決できない事態が生じたとき、頼れる人々の輪が社会資本だ。それは互いに顔と顔とを合わせ、時間をかけて話をすることによってつくられる。その時間は金では買えない。人々のために費やした社会的な時間が社会資本の元手になるのだ。

　私はそれを、④野生のゴリラとの生活で学んだ。ゴリラはいつも仲間の顔が見える、まとまりのいい十頭前後の群れで暮らしている。顔を見つめ合い、しぐさや表情で互いに感情の動きや意図を的確に読む。人間の最もまとまりのよい集団のサイズも十〜十五人で、共鳴集団と呼ばれている。サッカーやラグビーのチームのように、言葉を用いずに合図や動作で仲間の意図が読め、まとまって複雑な動きができる集団である。これも日常的に顔を合わせる関係によって築かれる。言葉のおかげで、人間はひとりでいくつもの共鳴集団をつくることができた。でも、信頼関係をつくるには視覚や接触によるコミュニケーションに勝るものはなく、言葉はそれを補助するにすぎない。

人間が発する言葉は個性があり、声は身体と結びついている。だが、文字は言葉を身体から引き離し、劣化しない情報に変える。情報になれば、効率が重視されて金と相性がよくなる。現代の危機はその情報化を急激に拡大してしまったことにあると私は思う。本来、身体化されたコミュニケーションによって信頼関係をつくるために使ってきた時間を、今私たちは膨大な情報を読み、発信するために費やしている。フェイスブックやチャットを使って交信し、近況を報告し合う。それは確かに仲間と会って話す時間を節約しているのだが、果たしてその機能を代用できているのだろうか。

現代の私たちは、一日の大半をパソコンやスマホに向かって文字とつき合いながら過ごしている。もっと、人と顔を合わせ、話し、食べ、遊び、歌うことに使うべきなのではないだろうか。それこそが、モモがどろぼうたちからとりもどした時間だった。時間が金に換算される経済優先の社会ではなく、人々の確かな信頼にもとづく生きた時間をとりもどしたいと切に思う。

（山極寿一『ゴリラからの警告「人間社会、ここがおかしい」』による。一部改変）

（注）リーマン・ショック…二〇〇八年にアメリカの大手証券会社が経営破綻したことをきっかけに起こった世界金融危機のこと。
フェイスブック…登録された利用者同士が交流できるウェブサイトの会員制サービスの一つ。
チャット…コンピューターネットワーク上で、複数の人が同時に交信し、文字等による会話をすること。　スマホ…スマートフォンのこと。

問一　本文中に①「（　X　）なり」とあるが、空欄（　X　）に入る最も適当な語句を、三字で書け。

問二　本文中の②大きな勘違いについて説明した次の□中の文の空欄ア に入る最も適当な語句を、本文中から七字で探し、そのまま抜き出して書け。

紙幣や硬貨の価値は、将来も担保されるとは限らないのに、ア があると思い込んでいること。

問三　本文中に③人々の信頼とあるが、書き手は、「信頼」をどのようなものと捉えているか。二十字以上、二十五字以内でまとめて書け。ただし、**時間**、**記憶**という二つの語句を必ず使うこと。

問四　本文中に④野生のゴリラとあるが、野生のゴリラの例が本文中で果たす役割について説明した文として最も適当なものを、次の**1**～**4**から一つ選び、番号を書け。

1　野生のゴリラとの生活を示して人間との違いを明確にすることで、人間が社会資本をつくった過程を説明する役割。
2　野生のゴリラの群れを通して人間同士の関係性を見つめることで、複数の共鳴集団をつくる危うさを伝える役割。
3　野生のゴリラから学んだことを示すことで、人間の言葉の発達について解明できるという主張を印象付ける役割。
4　野生のゴリラと人間の在り方を比較することで、社会における人間同士の関わりを考えさせる契機とする役割。

問五　本文中に『モモ』の話を引用することで、書き手が、現代の日本で必要だと示唆しているのはどのようなことか。二十五字以上、三十五字以内で考えて書け。

(2) 次は、**【文章】**を読んで、『モモ』という作品に興味をもった野村さんが読んだ**【『モモ』の文章の一部】**である。これを読んで、後の各問に答えよ。句読点等は字数として数えること。

【『モモ』の文章の一部】

お詫び
著作権上の都合により、文章は掲載しておりません。
ご不便をおかけし、誠に申し訳ございません。
教英出版

(ミヒャエル・エンデ/大島かおり 訳『モモ』による。一部改変)

問一　本文中に①まともな考えとあるが、その具体的な例を本文中から一文で探し、初めの四字をそのまま抜き出して書け。

問二　本文中に②その大きな黒い目は、あいてをじっと見つめています。とあるが、「見つめています」という部分の文の働きと、次の1～4の＝線を施した部分の文の働きが同じものを一つ選び、番号を書け。

1　今年も見事に咲いた、桜の花が。
2　彼はいつまでも追い続ける、壮大な夢を。
3　見つめた先に、一筋の光が差した。
4　やってみると、どんな困難も乗り越えられる。

問三　本文中の③勇気と同じ構成の熟語を、次の1～4から一つ選び、番号を書け。

1　朗報　2　往復　3　決意　4　尊敬

問四　本文中のふしぎの━線を施した部分に適切な漢字を当てるとき、ぎと同じ漢字を用いるものを、次の1～4から一つ選び、番号を書け。

1　講ぎを聴く。　2　ぎ問を解決する。　3　ぎ論を重ねる。　4　特ぎを伸ばす。

問五　次の【A】、【B】は、『モモ』を読んだ野村さんが、印象に残ったことを短冊《たんざく》に書いた文字である。野村さんが、文字を書き直したときに気を付けたこととして適当なものを、次の1～5から全て選び、番号を書け。

【A】最初に書いた文字

【B】書き直した文字

1　漢字を仮名よりも小さめに書くこと。
2　紙面の上下左右に余白を適度に取って書くこと。
3　直線的な点画で筆脈を意識して書くこと。
4　漢字の行書に調和する書き方で仮名を書くこと。
5　行の中心に文字の中心をそろえて書くこと。

二　次の文章を読んで、後の各問に答えよ。句読点等は字数として数えること。

【ここまでのあらすじ】仏像修復師である潔《きよし》は、この仕事をしてもう十二年にもなるが、接着剤として修復に用いる漆にいまだにかぶれてしまう。潔が修復作業のため訪れた玄妙寺《げんみょうじ》には、不空羂索《ふくうけんじゃく》観音像が本尊として安置されており、その仏像に、潔は強く惹《ひ》きつけられた。

孤独が潔をいよいよ仏へ引きよせた。御魂《みたま》は抜いてあるから、仏に功力《くりき》はない。しかし解体され、手足とばらばらに横たえられた不空羂索の①面《おもて》を見ていると、そこにはたしかに、ついこのあいだまで宿っていたなにかのぬくみを感じるのだ。人間の魂によく似たなにか。けれども遥《はる》かに強力で、永遠に損なわれることはない。

どんな仏像にでもそれがあるというわけではなかった。むしろそんな例はごく稀《まれ》だ。ましてやこの不空羂索ほどの強烈な吸引力を前にしたのは初めてのことだった。

彫仏の巧拙。像容の美醜。木質の優劣。そんなものは問題ではなかった。芸術品としての価値からすれば、玄妙寺の不空羂索には見るべきものがない。恐らくは名もない一仏師が、ちょっとめずらしい仏を彫ってやろうと一念発起し、見よう見まねで不空羂索に挑んでみせたのだろう。計算不足のせいか全体のバランスが悪く、台座や光背にも手抜きが見てとれる。納衣《のうえ》の彫りかた一つをとっても青臭く、刀さばきの至るところに生硬さがうかがえる。

にもかかわらず、この像には②それがあった。

仏として人間に仰がれるに足るなにか。

仏として人間を慰むるに足るなにか。

——慈悲。

この仏にふさわしい形容を何日も思いあぐねた末、潔はこの二字に帰着した。格別に美しいわけではない。技巧に秀《ひい》でているでもない。けれどもこの仏は温かい。とこしえの慈《いつく》しみをその目に、唇にたたえている。どうすればこんな面が彫れるのか？

恐らくは偶然だ。どんな仏師も一生に一度くらいは己を超えた面を彫る。けれどもそこで刀を置くことができずにさらなる手を加え、なにもかもだいなしにしてしまう。しかし、この仏師は踏みとどまった。自らの手が成したとはとうてい思えないなにかを宿らせた仏と向かいあう怖気《おじけ》に耐えぬいた。その恐るべき胆力に潔は感謝した。何百年も前に奇跡を起こした彼のおかげで、自分は今、この仏にこれほどまでに慰められている。

③感謝しながらも、しかし一方で猛然と嫉妬した。たいした腕もなく、儀軌《ぎき》にもうとく、真手《まて》の印相《いんぞう》を誤るようなへまをやらかす仏師への羨望《せんぼう》に苛《さいな》まれた。恐らくは生涯パッとせず、歴史になんの名も残さずに消えた貧乏仏師。しかしなにはともあれ、彼はこのような仏像を、少なくとも一体はこの世に遺《のこ》したのだ。

「俺にはそれができなかった」

いつの日からか、暗く湿った堂内でひとり、胴から上を横たえた不空羂索像に語りかけるのが潔の日課と化していた。

「俺には、魂を宿すに値する仏が、どうしても彫れなかった」

美大で彫仏を学んでいた当時をふりかえるたび、潔はそれこそ魂を抜かれた器のようになる。

大学での潔は優秀だった。彼が彫りあげた木像はいずれも高い評価を得た。巧みでなめらかな刀さばきは他学生の追随を許さず、教師陣からも特別視されていた。どいつもこいつも騙《だま》されやがって……と、しかし、潔はほめられるたびに憤《いきどお》っていたのだ。

「俺はたしかに巧《うま》い。器用だ。見目のいい、つるつるの像を彫る。だが、それだけだ。俺だけは俺に騙されなかった」

新たな像に着手するたびに潔は懊悩《おうのう》し、完成させるたびに落胆した。その絶望の深さを知るのもまた自分だけだった。大学二年の秋、潔は突然、大学に退学届《とどけ》を提出した。仏像修復師として働く松浦の姿をとある雑誌の記事で目にしたのは、失意の冬の只中《ただなか》

1～6の問題に対する解答用紙への記入上の留意点
・ 答えが数または式の場合は，最も簡単な数または式にすること。
・ 答えに根号を使う場合は，$\sqrt{\quad}$ の中を最も小さい整数にすること。

1

次の（1）～（9）に答えよ。

（1） $9+4\times(-3)$ を計算せよ。

（2） $2(5a+4b)-(a-6b)$ を計算せよ。

（3） $\dfrac{18}{\sqrt{3}}-\sqrt{27}$ を計算せよ。

（4） 2次方程式 $(x-5)(x+4)=3x-8$ を解け。

（5） 1から6までの目が出る2つのさいころA，Bを同時に投げるとき，出る目の数の積が偶数になる確率を求めよ。
ただし，さいころはどの目が出ることも同様に確からしいとする。

（6） 関数 $y=-2x+7$ について，x の値が -1 から 4 まで増加するときの y の増加量を求めよ。

（7） 関数 $y=-\dfrac{4}{x}$ のグラフをかけ。

（8） M中学校の全校生徒450人の中から無作為に抽出した40人に対してアンケートを行ったところ，家で，勉強のためにICT機器を使用すると回答した生徒は32人であった。
M中学校の全校生徒のうち，家で，勉強のためにICT機器を使用する生徒の人数は，およそ何人と推定できるか答えよ。

（9） 図のように，線分ABを直径とする半円Oの $\overset{\frown}{AB}$ 上に点Cをとり，△ABCをつくる。線分ACに平行で点Oを通る直線と線分BC，$\overset{\frown}{BC}$ との交点をそれぞれD，Eとし，点Cと点Eを結ぶ。
∠CAB＝56° のとき，∠DECの大きさを求めよ。

図

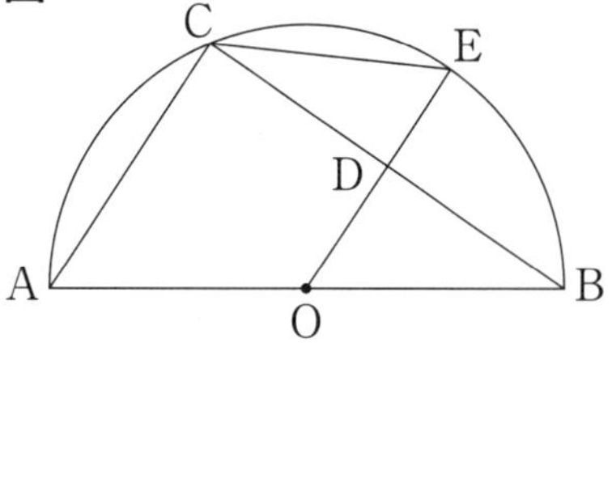

2

あめを買いに行く。
次の(1)，(2)に答えよ。

（1） あめは，定価の20%引きの a 円で売られている。
このとき，あめの定価を a を用いた式で表せ。

（2） あめを買い，その全てを何人かの生徒で分ける。
あめを生徒1人に5個ずつ分けると8個余り，生徒1人に7個ずつ分けると10個たりない。
このとき，あめを生徒1人に6個ずつ分けるとすると，あめはたりるか説明せよ。
説明する際は，あめの個数と生徒の人数のどちらかを x として（どちらを x としてもかまわない。）つくった方程式を示し，あめの個数と生徒の人数を求め，その数値を使うこと。

3

農園に3つの品種A，B，Cのいちごがある。孝さんと鈴さんは，3つの品種のいちごの重さを比べるために，A～Cのいちごをそれぞれ30個ずつ集め，1個ごとの重さのデータを**図１**のように箱ひげ図に表した。

図１

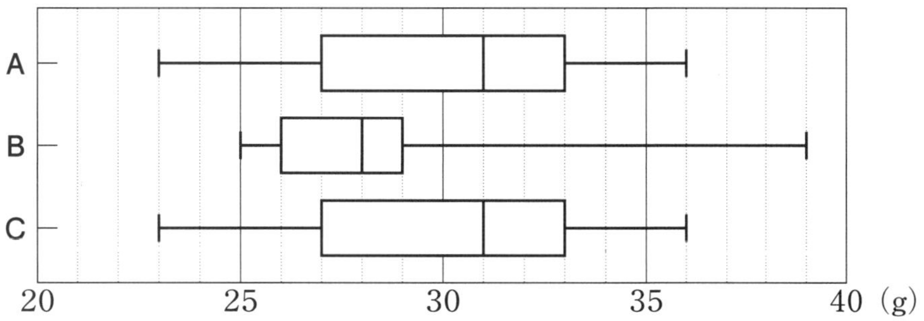

下の会話文は，孝さんと鈴さんが，**図１**をもとに，「重いいちごの個数が多いのは，A～Cのどの品種といえるか」について，会話した内容の一部である。

孝さん

AとCは，箱ひげ図が同じ形だから，①範囲や四分位範囲などが異なるAとBを比べたいけど，どうやって比べたらいいかな。

鈴さん

基準となる重さを決めて，比べたらどうかな。例えば，基準を25gにすると，25g以上の個数は，Bの方がAより多いといえるよ。**図１**から，個数の差が1個以上あるとわかるからね。

基準を34gにしても，34g以上の個数は，ひげの長さの違いだけではわからないから，AとBのどちらが多いとはいえないなあ。

基準を30gにすると，30g以上の個数は，Aの方がBより多いといえるよ。

②**図１**から，30g以上の個数は，Aが15個以上，Bが7個以下とわかるからだね。

箱ひげ図を見て基準を決めると，重いいちごの個数が多いのは，AとBのどちらであるか比べられるね。では，箱ひげ図が同じ形の③AとCのデータの分布の違いをヒストグラムで見てみようよ。

次の（１）～（３）に答えよ。

（１）　下線部①について，Aのデータの範囲とAのデータの四分位範囲を求めよ。

（２）　下線部②は，次の２つの値と基準の30gを比較した結果からわかる。

Aのデータの Ⓧ　　，　Bのデータの Ⓨ

Ⓧ，Ⓨは，それぞれ次の**ア**～**カ**のいずれかである。Ⓧ，Ⓨをそれぞれ１つずつ選び，記号をかけ。また，AのデータのⓍとBのデータのⓎを数値で答えよ。

ア　最小値	**イ**　第１四分位数	**ウ**　中央値
エ　平均値	**オ**　第３四分位数	**カ**　最大値

（3） 下線部③について，**図 2** は，**A**のデータをヒストグラムに表したものであり，例えば，**A**の重さが22g 以上24g 未満の個数は1個であることを表している。

図 2

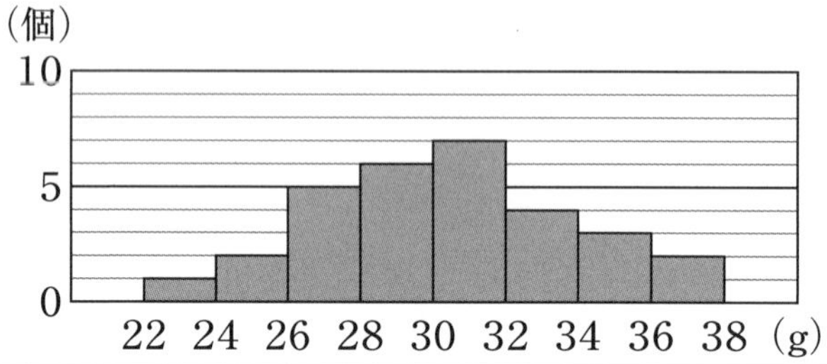

図 2 において，重さが30g 未満の累積度数を求めよ。また，**C**のデータをヒストグラムに表したものが，次の**ア**〜**エ**に1つある。それを選び，記号をかけ。

ア

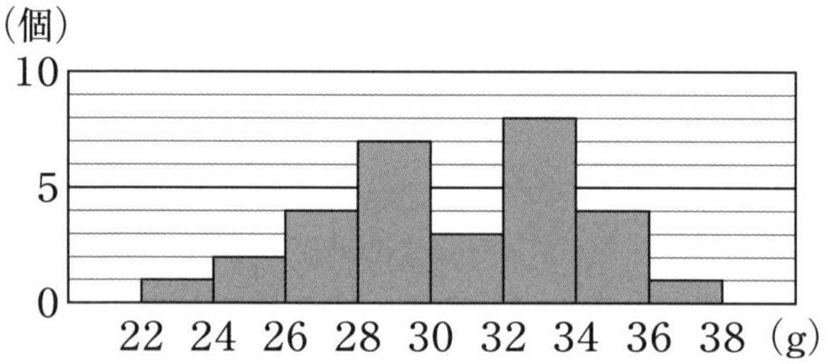

イ

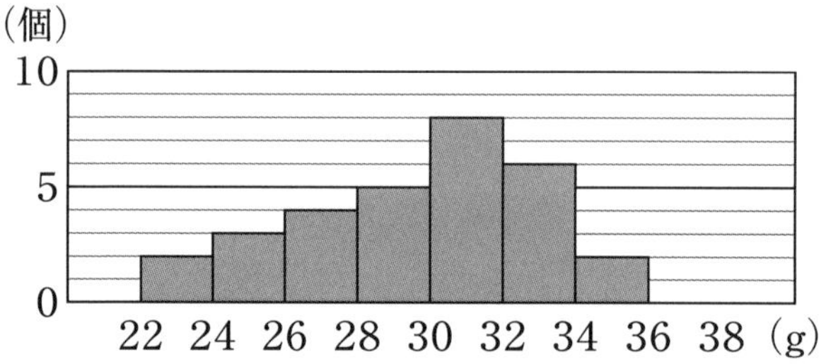

ウ

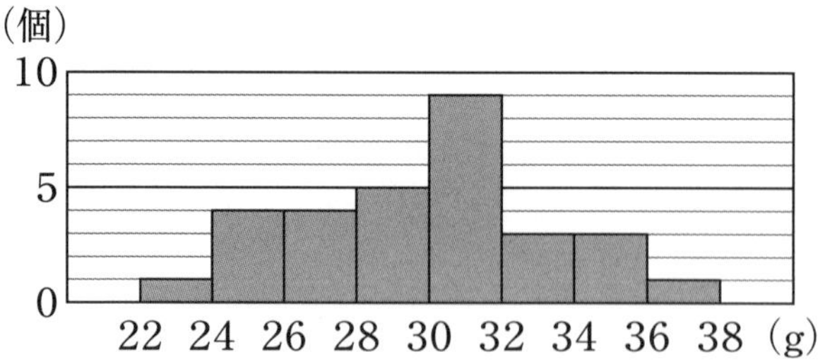

エ

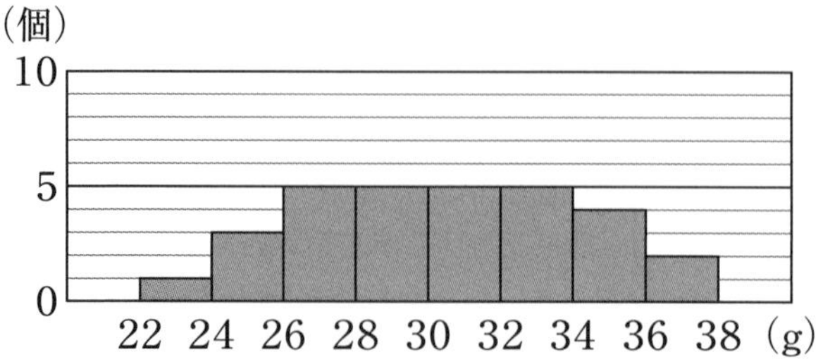

4　東西に一直線にのびた道路上にＰ地点がある。

バスは，Ｐ地点に停車しており，この道路を東に向かって進む。次の**式**は，バスがＰ地点を出発してから30秒後までの時間と進む道のりの関係を表したものである。

式　バスについての時間（秒）と道のり（m）

$$（道のり）=\frac{1}{4}\times（時間）^2$$

自転車は，Ｐ地点より西にある地点から，この道路を東に向かって，一定の速さで進んでいる。自転車は，バスがＰ地点を出発すると同時にＰ地点を通過し，その後も一定の速さで進む。次の**表**は，自転車がＰ地点を通過してから８秒後までの時間と進む道のりの関係を表したものである。

表　自転車についての時間（秒）と道のり（m）

時間	0	4	8
道のり	0	25	50

下の**図**は，バスがＰ地点を出発してから30秒後までの時間を横軸（x 軸），Ｐ地点から進む道のりを縦軸（y 軸）として，バスについての時間と道のりの関係をグラフに表したものに，自転車の進むようすをかき入れたものであり，バスは，Ｐ地点を出発してから25秒後に自転車に追いつくことを示している。

図

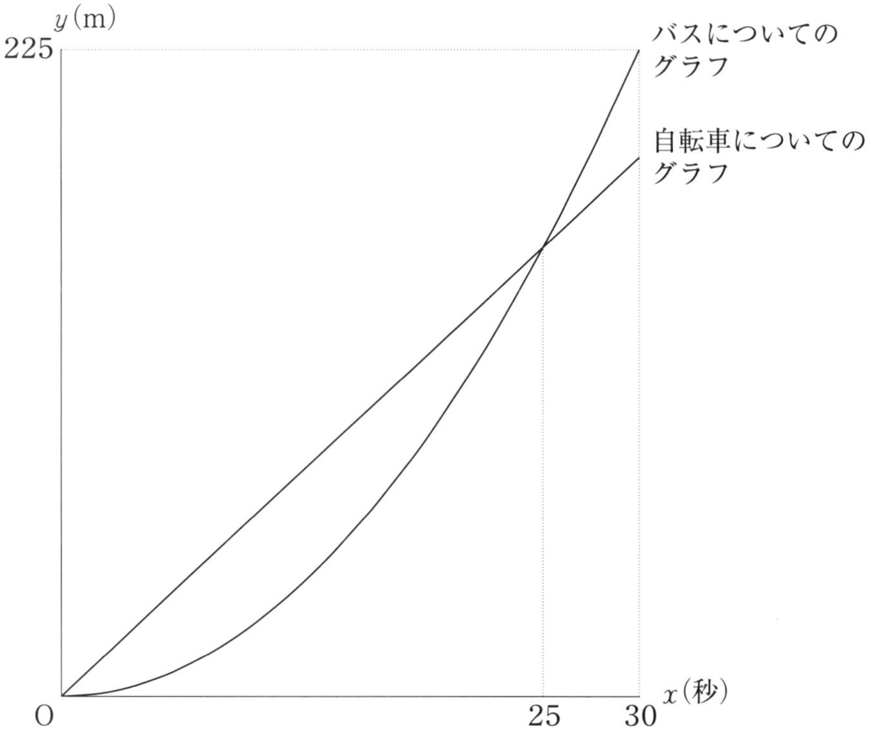

令和５年度学力検査問題

英語リスニングテスト

（15分）

注意

１　問題は，１ページから２ページまであります。

２　開始の合図は放送で指示があります。
　放送の指示があるまで，問題用紙を開かないでください。

３　解答は，全て解答用紙の所定の欄に記入してください。

４　解答用紙の※印の欄には，何も記入しないでください。

５　放送の指示があるまで，英語筆記テスト問題冊子は机の中から出さないでください。

放送を聞いて，**問題1**，**問題2**，**問題3**，**問題4** に答えよ。

問題1　英語の短い質問を聞き，その後に読まれる**ア**，**イ**，**ウ**，**エ**の英語の中から，答えとして最も適当なものを一つずつ選ぶ問題

※**記号**で答えよ。問題は３問ある。
※英語は **1 回だけ**読まれる。

問題2　表や図を見て，質問に答える問題

※答えとして最も適当なものを**表や図の中から抜き出して**答えよ。

(1)

School Festival at Minami High School

Room / Time	A	B	C
10 a.m.～	Dance	Chorus	
1 p.m.～	Speech		Movie
3 p.m.～		Dance	Movie

(2)

How Students Spend Time after Lunch

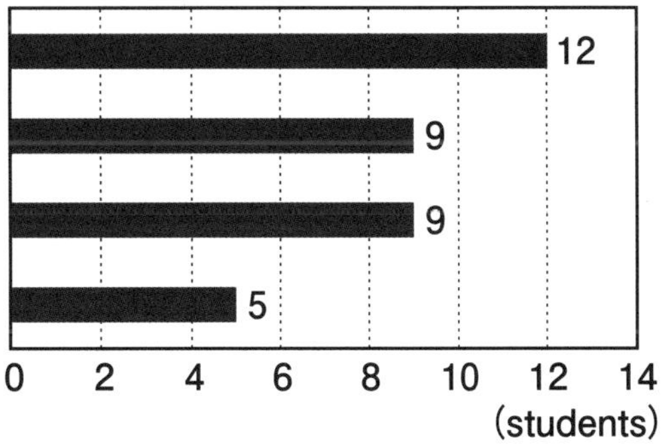

問題3　生徒会長の健斗(Kento)とアメリカからの留学生サラ(Sarah)の対話を聞いて，質問に答える問題

※答えとして最も適当なものを**ア**，**イ**，**ウ**，**エ**の中から一つずつ選び，**記号**で答えよ。

(1)
- ア　Yes, she did.
- イ　No, she didn’t.
- ウ　Yes, it was.
- エ　No, it wasn’t.

(2)
- ア　Because all the students were cleaning the school by themselves.
- イ　Because students were cleaning only their classrooms in the school.
- ウ　Because students in America were cleaning the school with staff members.
- エ　Because staff members were cleaning the school in Japan.

令和５年度学力検査問題

英語筆記テスト

（40分）

注意

1　放送の指示にしたがって，開始してください。
2　問題は，１ページから５ページまであります。
3　解答は，全て解答用紙の所定の欄に記入してください。
4　解答用紙の※印の欄には，何も記入しないでください。
5　英語筆記テスト中に，英語リスニングテストを見直して，訂正してもかまいません。
6　監督者の終了の合図で筆記用具を置き，解答面を下に向け，広げて机の上に置いてください。
7　解答用紙だけを提出し，英語リスニングテスト問題用紙と英語筆記テスト問題冊子は持ち帰ってください。

1

次の1～3の各組の対話が成り立つように，[A]～[D]にあてはまる最も適当なものを，それぞれの**ア**～**エ**から一つ選び，記号を書け。

1
John: Will you watch the rugby game on TV next Sunday?
Takumi: Oh, the Japanese national team?
John: Yes. You should watch it! [A]
Takumi: How about watching it together at my house?

A
ア I have already watched the game.
イ I think the game will be exciting.
ウ I will play rugby in the game.
エ I wanted you to win the game.

2
Mother: Tom! Emily! Please help me carry these bags.
Tom: Sure. You bought a lot of food today.
Mother: Yes, for our party tomorrow. Where is Emily?
Tom: She is in her room. [B]
Mother: Wow, she is very interested in that book.

B
ア She has been to parties many times.
イ She has no book to read there.
ウ She has to buy more food at the shop.
エ She has been reading a book for three hours.

3
Kumi: Ms. Beck, I have a question for my report. What do you do for your health every day?
Ms. Beck: I run for 50 minutes every morning.
Kumi: Sounds hard. [C]
Ms. Beck: Yes. I feel good and can sleep well.
Kumi: How can you keep doing it?
Ms. Beck: [D] So, I can see something new when I run.
Kumi: How wonderful! Thank you for your time, Ms. Beck.

C
ア Are there any good points about running for you?
イ Is it difficult for me to run every day?
ウ Do you have any problems when you run?
エ Do you want to stop running in the future?

D
ア Running is a good topic for my report.
イ Running in the morning is boring for me.
ウ I take different running courses every day.
エ I feel tired after running in the morning.

2

次の英文は，健太(Kenta)と佐希(Saki)が，ミラー先生(Ms. Miller)と会話をしている場面と，その後に健太と佐希が書いた手紙の一部である。これらを読んで，後の各問に答えよ。

Ms. Miller: Hi, Kenta and Saki. What are you doing?

Kenta: Hello, Ms. Miller. We are reading our town's newspaper. ①This page shows (what / people / events / it / have) joined in our town. The number of people who take part in local events is decreasing.

Saki: There are many interesting events in our town. Everyone can join them. I go to some events to help the staff members at the community center every year. Those events give me a chance to meet many people.

Ms. Miller: You're right. I went to a summer festival last year and became friends with people there. But I didn't know there were other events in this town. Many people from other countries may not know that, either.

Kenta: ②We should let (know / at / newspapers / them / about) written in several languages. They can get some information about local events from those newspapers.

Ms. Miller: That's good. What is the next event, Saki?

Saki: We will have *mochitsuki* at the community center next month. I'd like to become friends with people who speak different languages.

Ms. Miller: Sounds nice! I'm sure my friends in our town will be interested in the event. They are English speakers.

Kenta: Oh, I want to talk with them in English to become friends! Then, why don't we write a message in English to tell them about *mochitsuki*? Ms. Miller, could you [　　　　]?

Ms. Miller: Yes, of course. They will be happy to receive your message in English because it's a little difficult for them to read Japanese.

> Hello. We are students of Midori junior high school. Do you know that [　　　　] in our town? We'll introduce one of them. Next month, our town will have *mochitsuki* at the Midori community center. *Mochitsuki* is a traditional Japanese event to make rice cakes. We look forward to meeting you at the community center. Let's make and eat delicious rice cakes together! We want to communicate with you in English! See you soon!

3

Kento: Sometimes it's hard, but we think it's important for us to clean the places we use.
Sarah: That's nice. I'll tell my friends in America that Japanese students clean their schools by themselves.
Kento: Oh, good! It's very interesting to find different points between us. By learning about your country, I can understand my country more.

Question 1 Was it the first time for Sarah to come to Japan?
Question 2 Why was Sarah surprised?
Question 3 Which is true about Kento?

「２回目」 ――――― (繰り返し) ―――――

問題 4

（２連続音チャイム ○－○）

問題４ を見なさい。

〈問１〉 これから，オーストラリアに留学している恵子が，自然宿泊体験について，資料を見ながら先生から説明を受けます。それを聞いて，(1)から(3)の質問に答えなさい。(1)は**ア**，**イ**，**ウ**，**エ**の中から一つ選び記号で，(2)はカッコ内にそれぞれ1語の英語で，(3)は2語以上の英語で答えなさい。なお，説明の後には，記入の時間が約40秒ずつあります。英語は2回繰り返します。それでは始めます。

Hello, everyone. We will go to Green National Park for Nature School this weekend. I'll tell you about the plan.
It will start on Saturday. Please come to the school by 8:30 a.m. Our bus will leave the school at 9:00 a.m. and get to the park at about 11:00 a.m. After lunch, we will walk in the forest. Some old trees have been there for more than 500 years. You can find them while you are walking.
After dinner, you will have night activities. You can choose one of the three; Watching the Night Sky, Singing Songs, or Telling Stories. Teachers will support you in each activity.
On the second day, we will go around the lake in the next town to watch birds. There are beautiful birds that live only in East Australia. We'll come back to the school by 2:30 p.m.
Let's enjoy Nature School. If you have any questions, please ask us.
「答えを記入しなさい。」

「２回目」 ――――― (繰り返し) ―――――

〈問２〉 これから英語で質問と指示をします。その指示にしたがって４語以上の英語で文を書きなさい。なお，質問と指示を２回繰り返した後，記入の時間が約40秒あります。それでは始めます。

What do you want to ask the teachers about the night activities? Write one question.

「２回目」 ――――― (繰り返し) ―――――
「答えを記入しなさい。」

（４連続音チャイム ○－○－○－○）
これで，「英語リスニングテスト」を終わります。筆記用具を机の上に置いて，問題用紙と解答用紙を閉じなさい。なお，この後の筆記テスト中に，見直して，訂正してもかまいません。次に，筆記テスト問題冊子を机の中から取り出し，表紙の注意事項を読みなさい。筆記テスト開始後，ページ数がそろっているか確認しなさい。それでは，筆記テストの解答を始めなさい。

令和５年度学力検査問題

理　科

（50分）

注意

1　監督者の開始の合図があるまで，この問題冊子を開かないでください。

2　問題は，１ページから９ページまであります。

3　解答は，全て解答用紙の所定の欄に記入してください。

4　解答用紙の※印の欄には，何も記入しないでください。

5　監督者の終了の合図で筆記用具を置き，解答面を下に向け，広げて机の上に置いてください。

6　解答用紙だけを提出し，問題冊子は持ち帰ってください。

1　アジサイの葉の吸水量を調べる実験を行った。下の□内は，その実験の手順と結果である。

【手順】

① 大きさがほぼ同じ4枚のアジサイの葉を，**表**のa～dのように準備する。

② 太さの同じシリコンチューブを4本準備し，**図1**のように，水の入った水槽《すいそう》に沈め，水を入れた注射器でシリコンチューブの中にある空気をそれぞれ追い出す。

③ 水の入った水槽の中で，a～dとシリコンチューブを，空気が入らないようにそれぞれつなぐ。

④ 葉の表側を上にしてバットに置き，シリコンチューブ内の水の位置に合わせて，シリコンチューブにそれぞれ印をつけ，**図2**のような装置A～Dをつくる。

⑤ 直接日光の当たらない明るい場所にA～Dを置き，20分後に水の位置の変化をものさしで調べる。

表

a	ワセリンを表側にぬった葉
b	ワセリンを裏側にぬった葉
c	ワセリンを表側と裏側にぬった葉
d	ワセリンをぬらない葉

図1

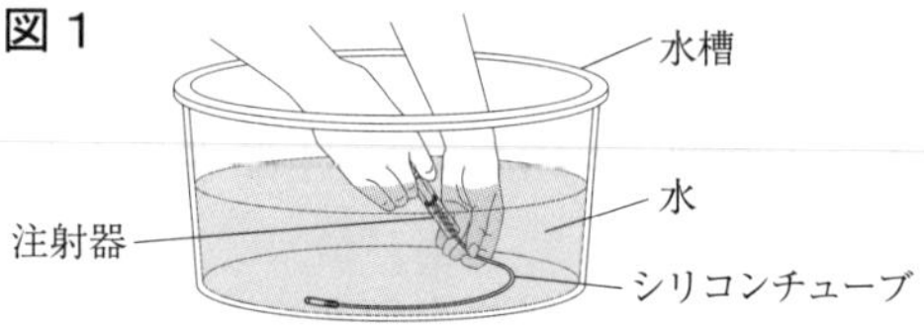

図2

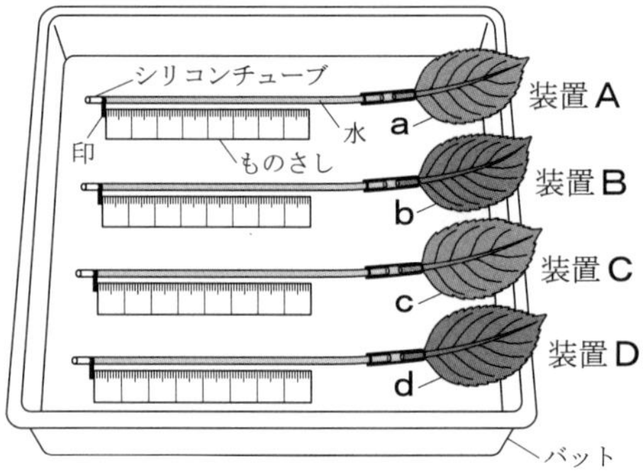

【結果】

装置	A	B	C	D
水の位置の変化〔mm〕	31	11	2	45

問1　アジサイは，双子葉類である。双子葉類を，次の1～4から全て選び，番号を書け。

1　トウモロコシ　　2　アブラナ　　3　アサガオ　　4　ツユクサ

問2　主に葉から水が水蒸気として出ていくことによって，吸水が起こる。植物の体の中の水が水蒸気として出ていく現象を何というか。

問3　下の□内は，この実験について考察した内容の一部である。文中の**ア**［（　）と（　）］のそれぞれの（　）にあてはまる装置を，A～Cから1つずつ選び，記号を書け。また，**イ**の（　）内から，適切な語句を選び，記号を書け。

ワセリンをぬらなかった葉を用いたDの吸水量が，最も多くなった。また，ワセリンを葉にぬることで吸水量にちがいが見られた。ワセリンをぬった葉を用いたA～Cのうち，**ア**［（　）と（　）］の2つの結果を比べると，主に葉の**イ**（P 表側　Q 裏側）から，水が水蒸気として出ていくと考えられる。

問4　下の□内は，実験後，根のつくりと水を吸収するはたらきについて，生徒が調べた内容の一部である。文中の（　）にあてはまる内容を，簡潔に書け。

根は，先端近くにある根毛によって土から水などを吸収する。根毛は細いので，土の小さな隙間《すきま》に広がることができる。また，根毛があることで，根の（　　）ため，水などを効率よく吸収することができる。

2

下の□内は，カエルの有性生殖について，生徒が調べた内容の一部である。**図１**は，カエルの受精から新しい個体ができるまでのようすを，模式的に表したものである。

> 雌《めす》の卵巣《らんそう》で①卵がつくられ，雄《おす》の精巣《せいそう》で②精子がつくられる。卵と精子が受精すると受精卵ができ，③受精卵は細胞分裂《さいぼうぶんれつ》をくり返しながら，形やはたらきのちがうさまざまな細胞になり，やがて個体としての体のつくりが完成する。

図１

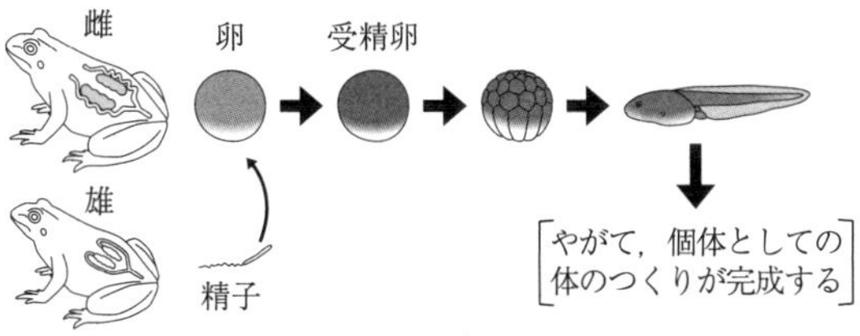

問１　下線部①，②は，有性生殖を行うための特別な細胞である。この特別な細胞の名称を書け。

問２　下線部③の過程を何というか。

問３　**図２**は，カエルが有性生殖を行うときの卵，精子，受精卵の中にある染色体をモデルで表そうとしたものである。**図２**の卵，精子，受精卵の中にある染色体のモデルとして最も適切なものを，次の**１**～**４**から１つ選び，番号を書け。

図２

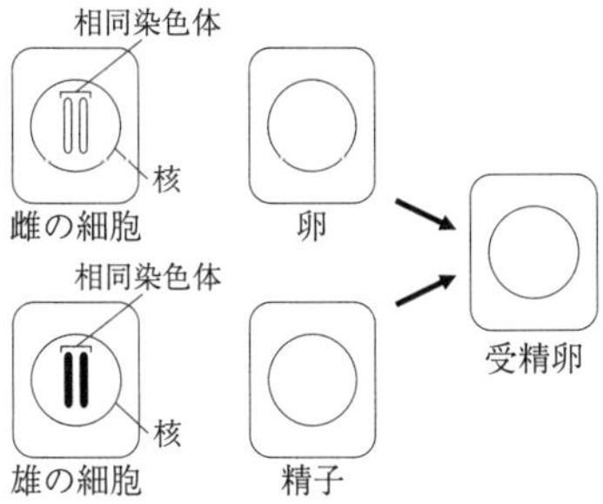

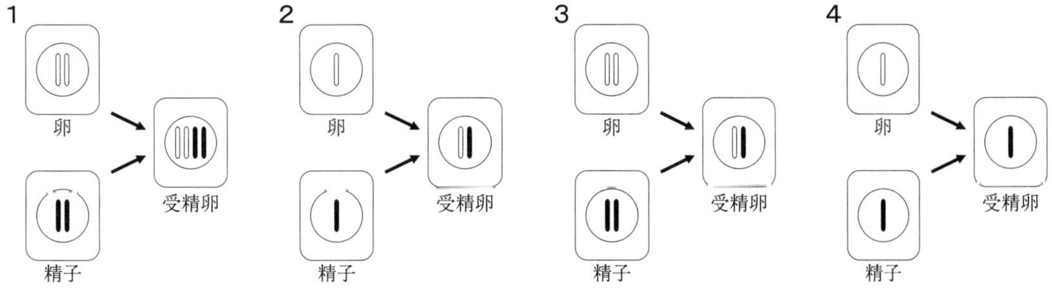

問４　下の□内は，農作物をつくるときの有性生殖と無性生殖の利用について，説明した内容の一部である。下線部について，無性生殖を利用するのは，無性生殖における染色体の受けつがれ方と形質の現れ方に，どのような特徴があるからか。「子」，「親」の２つの語句を用いて，簡潔に書け。

> 収穫量が多いジャガイモと，病気に強い別のジャガイモを交配することで，両方の優れた形質をもつジャガイモができることがある。その両方の優れた形質をもつジャガイモを親として，無性生殖をさせることで，両方の優れた形質をもつ子のジャガイモを多くつくることができる。

3

金属の密度を調べるために，質量と体積をはかる実験を行った。下の　　内は，その実験の手順と結果である。ただし，温度による金属の体積の変化はないものとする。

【手順】

① 物質名がわからない単体の金属A～Dを準備し，それぞれの質量をはかる。
② 30.0mLの水が入っているメスシリンダーに，Aを静かに入れて完全に水に沈める。
③ **図1**のように，水平な台の上にメスシリンダーを置き，目盛りを読み取りAの体積を求める。
④ B～Dについても，②，③の操作を行い，体積をそれぞれ求める。
⑤ 質量と体積から，金属の密度をそれぞれ求める。

図1

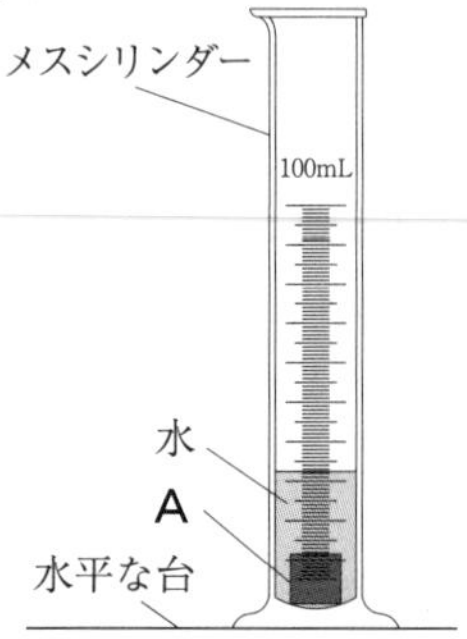

【結果】

金属	A	B	C	D
質量〔g〕	18.2	10.9	40.5	8.9
体積〔cm^3〕	2.3	4.0	4.6	3.3
密度〔g/cm^3〕	7.9	2.7	(　)	2.7

問1　手順④で，Bを入れた後のメスシリンダーの一部を模式的に表した図として，最も適切なものを，次の1～4から1つ選び，番号を書け。

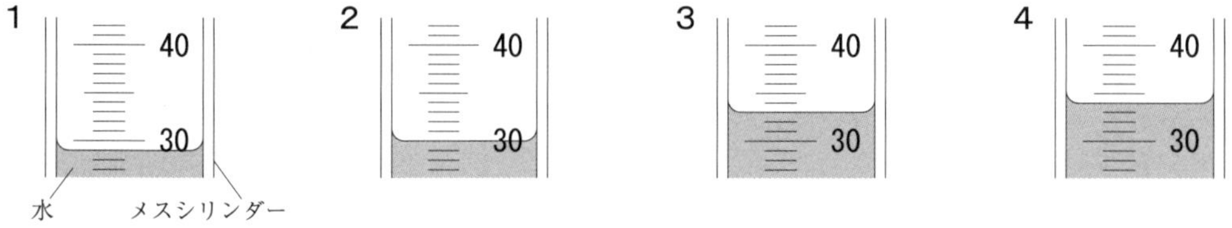

問2　【結果】の（　）に入る，数値を書け。なお，数値は小数第2位を四捨五入し，小数第1位まで求めること。

問3　下の　　内は，この実験について考察した内容の一部である。文中の〔　〕にあてはまる内容を，「種類」という語句を用いて，簡潔に書け。

結果から，A～Dのうち，BとDは同じ物質であると考えられる。これは，〔　　〕が決まっているからである。

問4　下の　　内は，**図2**のように，水銀に鉄を入れたときのようすについて説明した内容の一部である。また，**表**は，20℃における水銀と鉄の密度を示したものである。文中の**ア**の（　）内から，適切な語句を選び，記号を書け。また，(**イ**)にあてはまる内容を，「密度」という語句を用いて，簡潔に書け。

図2

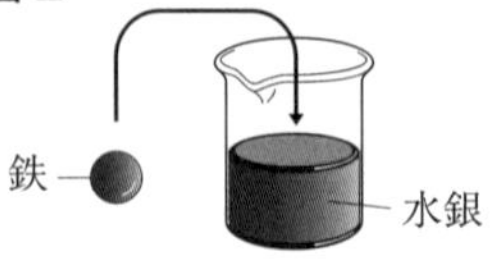

表

物質	密度〔g/cm^3〕
水銀	13.55
鉄	7.87

20℃における水銀は，液体の状態である。水銀に鉄を入れると，鉄は**ア**（P 浮く　Q 沈む）。これは，鉄は，（ **イ** ）からである。

4　金属の種類によって，イオンへのなりやすさにちがいがあるかを調べる実験を行った。下の[　　]内は，その実験の手順と結果である。

【手順】

① **図1**のように，金属板と水溶液の組み合わせを示した台紙と，マイクロプレートを準備する。

② **図2**のように，台紙に合わせてマイクロプレートを置く。

③ マイクロプレートの**A**と**B**に銅板を，**C**と**D**に亜鉛板を，**E**と**F**にマグネシウム板を，それぞれ入れる。

④ **C**と**E**に硫酸銅水溶液を，**A**と**F**に硫酸亜鉛水溶液を，**B**と**D**に硫酸マグネシウム水溶液をそれぞれ入れ，金属板付近での変化のようすを観察する。

【結果】

○ **F**では，金属板の表面に黒い物質が付着した。

○ **C**，**E**では，金属板の表面に赤い物質が付着した。

○ **A**，**B**，**D**では，変化が起こらなかった。

図1

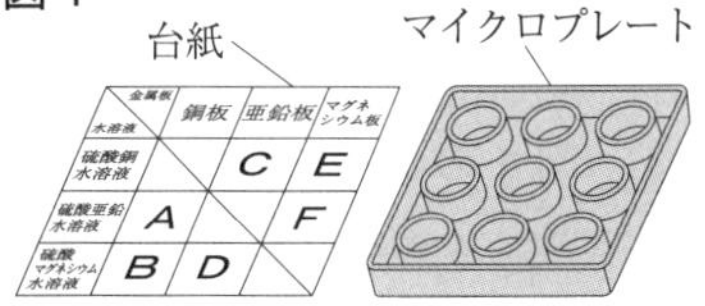

図2

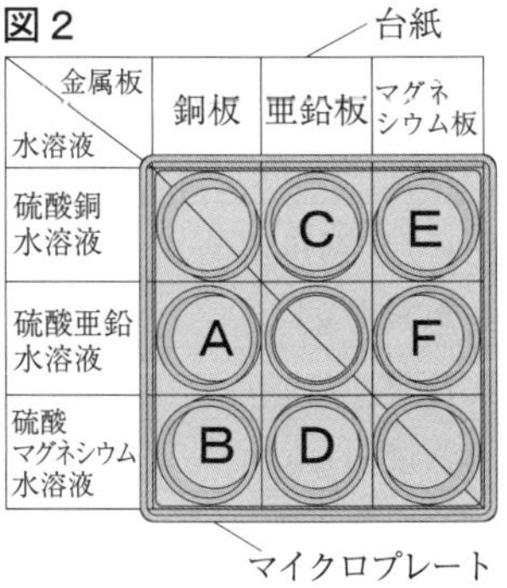

問1　下の[　　]内は，マイクロプレートを用いた実験について説明した内容の一部である。文中の（　）にあてはまる内容を，「薬品」という語句を用いて，簡潔に書け。

マイクロプレートを用いることで，一度にたくさんの実験を，同じ環境のもとで行うことができる。さらに，実験の規模が小さくなり，（　　）で実験を行うことができるため安全性が上がる。

問2　**F**で，金属板の表面に付着した黒い物質を，化学式で書け。

問3　**E**の金属板の表面で起こる，マグネシウム原子が電子を放出してマグネシウムイオンとなる化学変化を，化学反応式で表すとどうなるか。解答欄の**図3**を完成させよ。ただし，電子はe^-を使って表すものとする。

図3

Mg → （　　　　）+（　　　　）

問4　下の[　　]内は，この実験について考察した内容の一部である。文中の（**ア**），（**イ**），（**ウ**）に，それぞれ適切な金属の名称を書け。

C，**E**，**F**では，水溶液中でイオンになっている金属よりも，金属板の金属の方がイオンになりやすいため，化学変化が起こる。このことから，実験で用いた3種類の金属では，（**ア**）が最もイオンになりやすく，次に（**イ**），（**ウ**）の順でイオンになりやすいと考えられる。

令和５年度学力検査問題

社　会

（50分）

注意

1　監督者の開始の合図があるまで，この問題冊子を開かないでください。

2　問題は，１ページから９ページまであります。

3　解答は，全て解答用紙の所定の欄に記入してください。

4　解答用紙の※印の欄には，何も記入しないでください。

5　監督者の終了の合図で筆記用具を置き，解答面を下に向け，広げて机の上に置いてください。

6　解答用紙だけを提出し，問題冊子は持ち帰ってください。

1 優子さんは，わが国の20世紀前半までの各時代の特色について調べ，略年表とカードを作成した。略年表とカードをみて，各問に答えよ。

〈略年表〉

世紀	6	7	8	9	10	11	12	13	14	15	16	17	18	19	20
												←	Z	→	
時代			ア						イ				ウ		エ

〈カード〉

A 武家《ぶけ》による支配が始まり，やがてその支配が全国に広がった。また，土倉《どそう》《とくら》や酒屋《さかや》があらわれ，富をたくわえるようになった。

B ⓐ律令《りつりょう》に基づいた政治が行われ，やがて摂関政治《せっかんせいじ》がさかんになった。また，貴族や寺社が荘園《しょうえん》をもちはじめた。

C ⓑ中央集権国家のしくみが整えられ，やがて議会政治が始まった。また，一部の資本家は財閥《ざいばつ》に成長していった。

D 幕府と藩《はん》による支配が行われたが，やがてその支配が揺《ゆ》らいだ。また，商品作物が栽培され，貨幣経済が広がり，**P** 手工業が発達した。

問１　カード**A**～**D**は，略年表の**ア**～**エ**のいずれかの時代にあてはまる。カード**A**，**D**はどの時代にあてはまるか。**ア**～**エ**からそれぞれ一つ選び，記号を書け。

問２　下線部ⓐ，ⓑについて述べた下の □ 内の（㋑），（㋺）にあてはまるものを，次の**1**～**5**からそれぞれ一つ選び，番号を書け。

> ⓐ　中央から派遣された（㋑）が，郡司《ぐんじ》を指揮して政治を行った。
> ⓑ　中央から派遣された（㋺）などが，地方を統治した。

1　大名《だいみょう》　　**2**　守護《しゅご》　　**3**　県令《けんれい》　　**4**　国司《こくし》　　**5**　地頭《じとう》

問３　下の □ 内は，略年表の**ア**～**エ**のいずれかの時代の文化の特色について説明したものである。この文化の特色があらわれる時代を，**ア**～**エ**から一つ選び，記号を書け。

> 国際色豊かな文化が栄えた後に，日本の風土や生活に合った文化が生まれ，かな文字がつくられた。

問４　下の □ 内は，カード**A**～**D**のいずれかと同じ時代の社会の様子について，右の資料をもとにまとめたものである。（㋩），（㋥）にあてはまる語句を正しく組み合わせたものを，次の**1**～**4**から一つ選び，番号を書け。また，〔　㋭　〕にあてはまる内容を，「分割《ぶんかつ》」と「領地《りょうち》」の語句を使って書け。

〈資料〉

（宮内庁蔵）

> わが国は，（㋩）の皇帝である（㋥）から服属《ふくぞく》を要求されたが，わが国が要求を拒否したため，（㋩）軍が襲来《しゅうらい》した。このできごとの後の幕府からの恩賞《おんしょう》が不十分だったことや，〔　㋭　〕ことなどで，御家人《ごけにん》の生活が苦しくなったため，幕府は徳政令《とくせいれい》を出した。

1　㋩は宋《そう》，㋥はチンギス＝ハン　　**2**　㋩は元《げん》，㋥はフビライ＝ハン
3　㋩は元，㋥はチンギス＝ハン　　**4**　㋩は宋，㋥はフビライ＝ハン

問５　略年表の**Z**の期間にあてはまるできごとを，次の**1**～**4**から三つ選び，選んだできごとを年代の古い方から順に並べ，番号で答えよ。

1　アメリカと条約を結び，下田など２港の開港を認めた。
2　東南アジアの国々に朱印船《しゅいんせん》を派遣して，貿易を行った。
3　倭寇《わこう》と正式な貿易船を区別するため，勘合《かんごう》を用いた貿易を始めた。
4　ポルトガル船の来航を禁止し，次いでオランダ商館を出島《でじま》に移した。

問6　下の□内は，優子さんが，下線部Pについてまとめたものである。〔　　〕にあてはまる内容を，「分業」の語句を使って書け。

わが国では，この時代に，一部の地主や商人が道具をそろえ，工場に〔　　〕という，工場制手工業が生まれた。

2

太郎さんは，わが国の世界遺産について調べ，カードにまとめた。カードをみて，各問に答えよ。

〈カード〉

①富岡製糸場《とみおかせいしじょう》	明治日本の産業革命遺産　製鉄・製鋼《せいこう》，造船，石炭産業		原爆《げんばく》ドーム
	官営八幡製鉄所《やはたせいてつしょ》	三池炭鉱《みいけたんこう》・三池港	
○　（A）県富岡市 ○　西洋技術を導入した官営模範《もはん》工場で，新技術の開発と普及に貢献。	○　福岡県北九州市 ○　鉄鋼などを生産することで，その後の②産業の発展に貢献。	○　福岡県大牟田市等 ○　石炭の生産を増やし，③エネルギー面から産業の発展に貢献。	○　広島県広島市 ○　被爆《ひばく》当時の姿を伝え，④国際平和の大切さを訴えることに貢献。

問1　下の□内は，下線部①についてまとめたものである。㋑の（　）にはあてはまるものを，㋺の（　）にはカードの（A）にあてはまるものを，それぞれ一つ選び，記号を書け。

富岡製糸場は，わが国の輸出品の中心であった㋑（a　綿糸，b　生糸）を増産するために，㋺（c　群馬，d　長崎）県に建てられた。

問2　下の□内は，下線部②について，資料Ⅰ，Ⅱをもとにまとめたものである。㋩，㋥の（　）にあてはまるものを，それぞれ一つ選び，記号を書け。

〈資料Ⅰ〉わが国の生産総額とその内訳

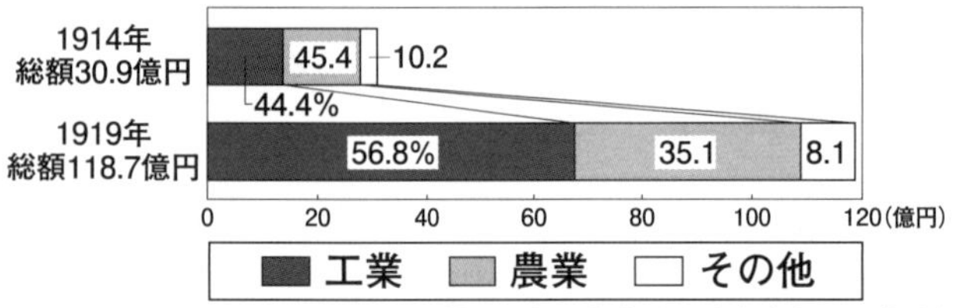

（「日本資本主義発達史年表」から作成）

〈資料Ⅱ〉わが国の貿易収支の変化

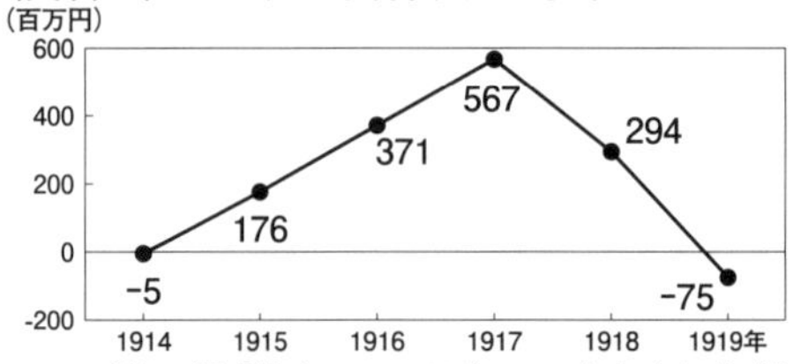

（第7版「数字でみる日本の100年」から作成）

第一次世界大戦の影響で，資料Ⅰの工業と農業の生産額ののびを比較すると，わが国では，1914年から1919年にかけて，特に㋩（ア　工業，イ　農業）が大幅にのびたことが読み取れ，資料Ⅱから，1915年から1918年のころのわが国は，㋥（ウ　好景気，エ　不景気）であったことがわかる。

問3　下の□内は，下線部③についてまとめたものである。〔　　〕にあてはまる内容を，資料ⅢのPが示す語句を使って書け。

資料Ⅲの時期に，わが国におけるエネルギー資源の中心が，〔　　〕ことがわかる。

〈資料Ⅲ〉わが国のエネルギー資源の供給割合の推移

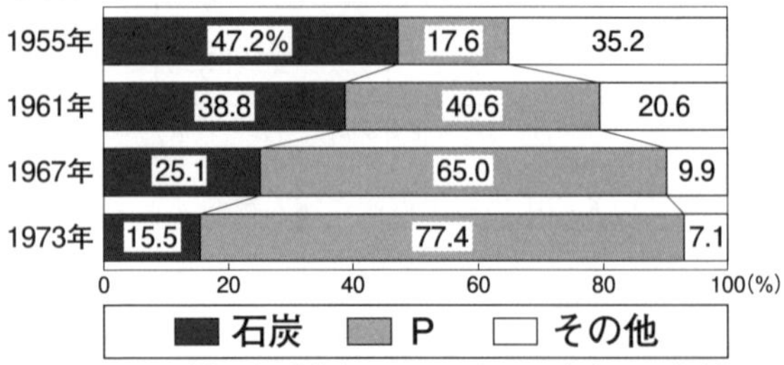

（第7版「数字でみる日本の100年」から作成）

問4　下線部④について，ⓐ群のあ～うと最も関係の深いものを，ⓑ群のx～zからそれぞれ一つ選び，記号を書け。

ⓐ群

あ	冷戦の終結が宣言された。
い	国際連合が設立された。
う	アジア・アフリカ会議が開かれた。

ⓑ群

x	平和維持活動（ＰＫＯ）の実施
y	バンドンで平和共存の路線を確認
z	東西ドイツの統一

3

光一さんは，世界の州や国の特色などについて調べるため，資料集を作成した。資料集をみて，各問に答えよ。

〈資料集〉

〈略地図〉

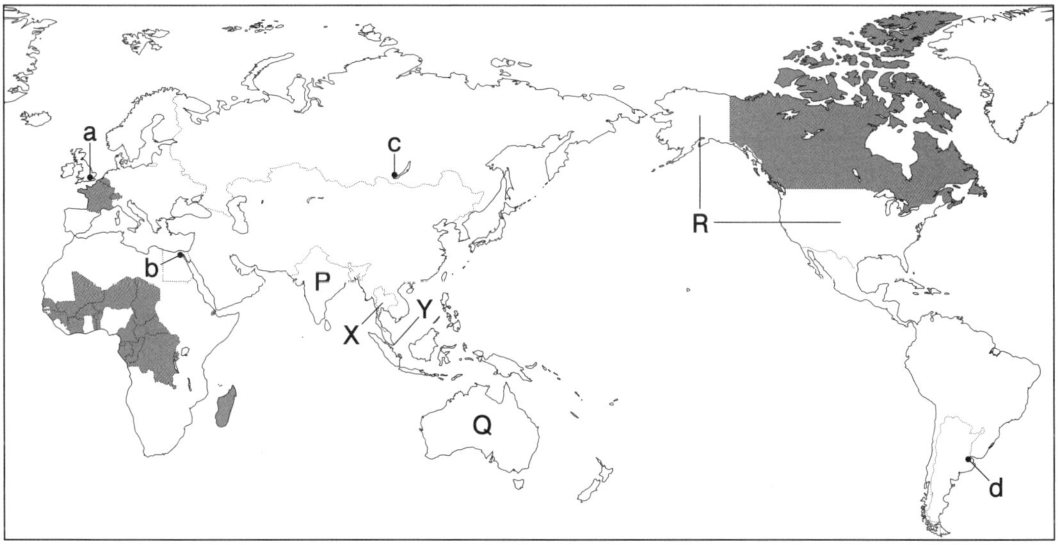

〈資料Ⅰ〉各国のエネルギー消費量，一人あたりエネルギー消費量，石炭の自給率（2019年）

国＼項目	エネルギー消費量（石油換算百万t）	一人あたりエネルギー消費量（石油換算 t）	石炭の自給率（%）
あ	2 213	6.7	144.8
い	415	3.3	0.4
う	129	5.1	1 351.8
え	938	0.7	72.9

（2022年版「エネルギー・経済統計要覧」等から作成）

〈資料Ⅱ〉おもな農産物の州別生産量の割合（2019年）

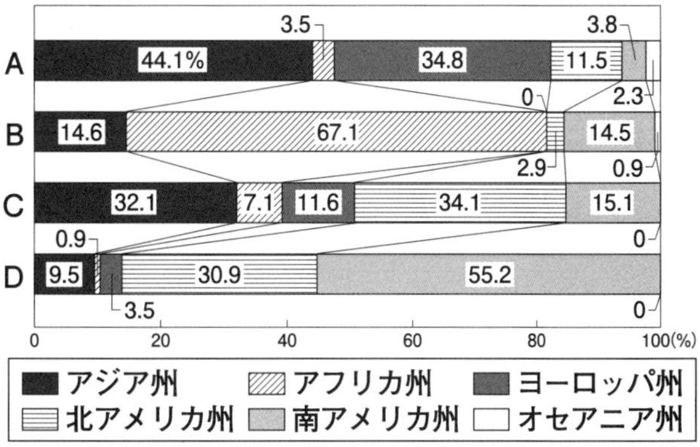

（2022年版「データブック　オブ・ザ・ワールド」から作成）

〈資料Ⅲ〉X，Yの国に進出した日本企業数（製造業）

国＼年	1982年（社）	2020年（社）
X	171	1 324
Y	211	203

（「海外進出企業総覧2021」等から作成）

〈資料Ⅳ〉日本，X，Yの国の一人あたり1か月平均賃金（製造業）（2020年）

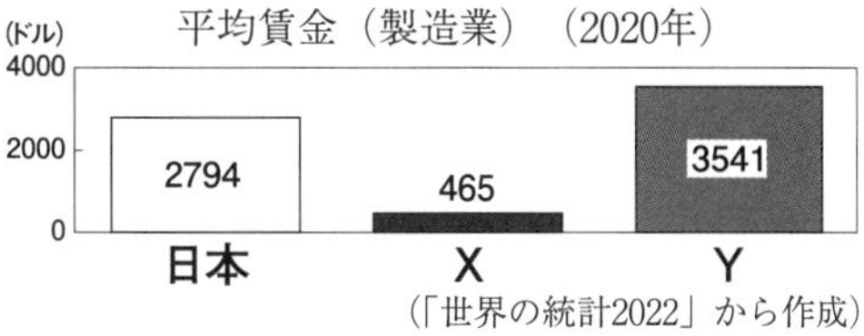

（「世界の統計2022」から作成）

〈資料Ⅴ〉Xの国の輸出総額と輸入総額

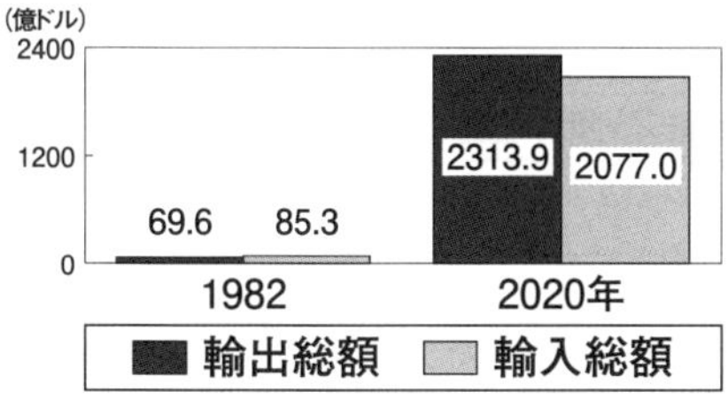

〈資料Ⅵ〉Xの国の輸出総額の内訳

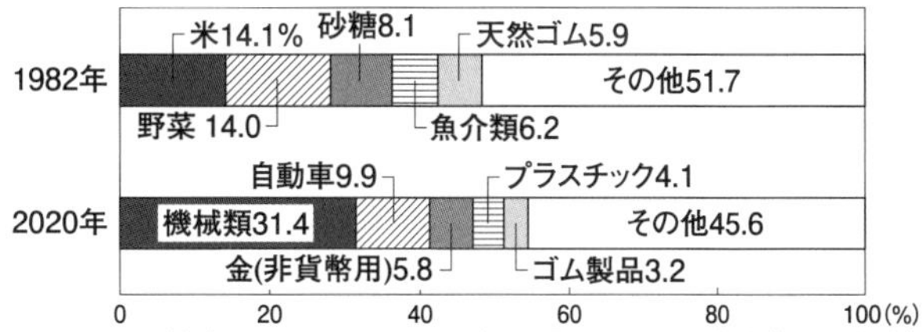

（資料Ⅴ，Ⅵは，2022/23年版「世界国勢図会」等から作成）

問１　次の**１**～**４**は，略地図の**a**～**d**のいずれかの都市の雨温図である。**a**の都市の雨温図を，**１**～**４**から一つ選び，番号を書け。

1

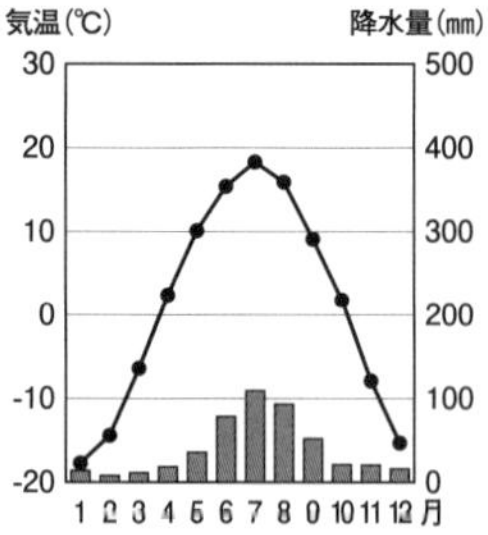

年平均気温　0.9℃
年降水量　478.5mm

2

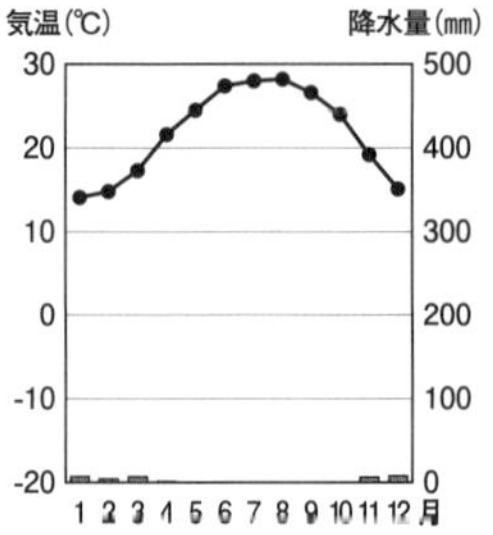

年平均気温　21.7℃
年降水量　34.6mm

3

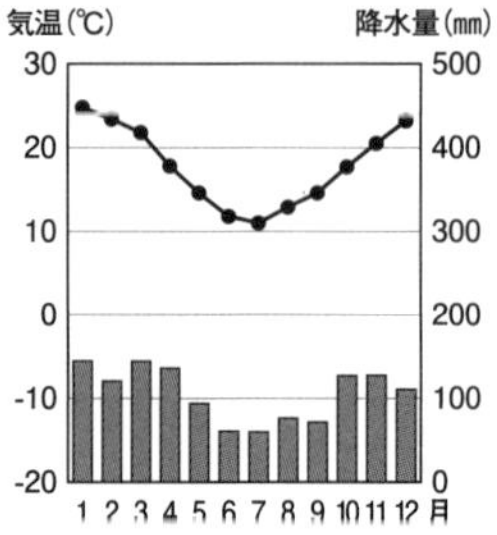

年平均気温　17.8℃
年降水量　1 272.8mm

4

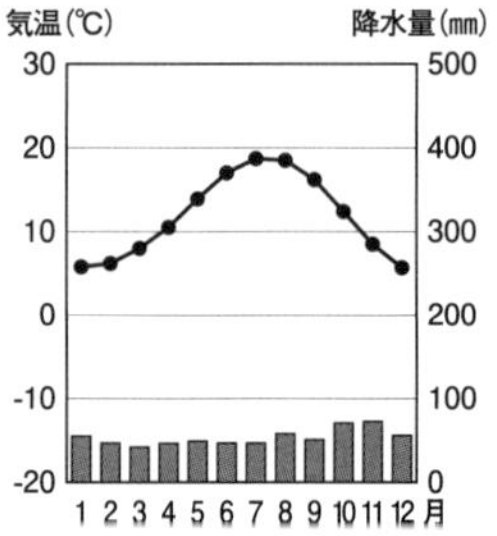

年平均気温　11.8℃
年降水量　640.3mm

（令和３年「理科年表」から作成）

問２　略地図の　　で示された国々において，共通して公用語となっている言語名を書け。

問３　資料Ⅰの**あ**～**え**は，略地図の**P**～**R**の国および日本のエネルギー消費量，一人あたりエネルギー消費量，石炭の自給率を示している。**Q**の国にあてはまるものを，**あ**～**え**から一つ選び，記号を書け。

問４　資料Ⅱの**A**～**D**は，小麦，とうもろこし，大豆，カカオ豆のいずれかの州別生産量の割合を示している。小麦にあてはまるものを，**A**～**D**から一つ選び，記号を書け。

問５　略地図の**X**の国について，(1)，(2) に答えよ。

(1) 資料Ⅲは，略地図の**X**，**Y**の国に進出した日本企業数（製造業）を示し，資料Ⅳは，日本と**X**，**Y**の国の一人あたり１か月平均賃金（製造業）を示している。資料Ⅲにみられる変化の理由の一つを，資料Ⅳから読み取り，「**X**の国では，」の書き出しで書け。

(2) 下の□内は，光一さんが，資料Ⅴ，Ⅵから，略地図の**X**の国についてまとめたものである。〔 ㋑ 〕，〔 ㋺ 〕にあてはまる内容を，資料から読み取って書け。

資料Ⅴから，**X**の国の輸出総額と輸入総額の変化をみると，〔 ㋑ 〕ことがわかる。また，資料Ⅵから，〔 ㋺ 〕ことがわかる。このような変化が，**X**の国の経済の成長や発展につながった理由の一つと考えられる。

4 千春さんは，日本の様々な地域の特色について調べ，資料集を作成した。資料集をみて，各問に答えよ。

〈資料集〉

日本の位置について

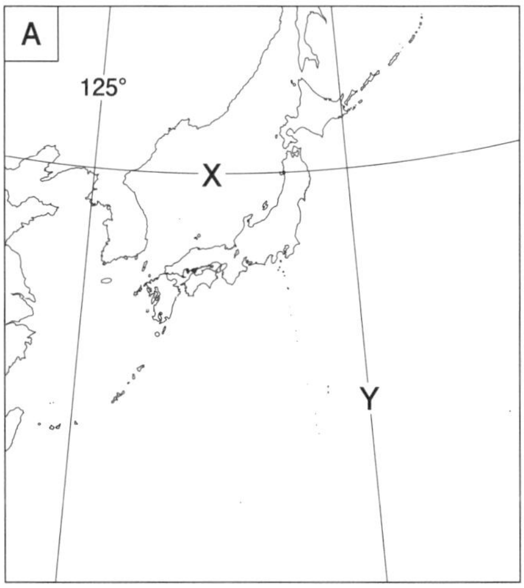

日本の観光業について

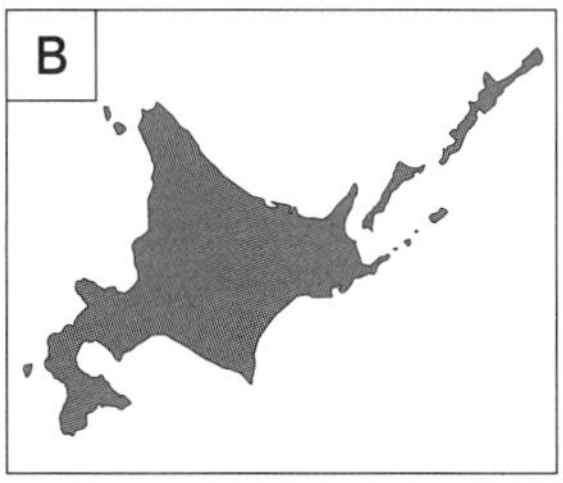

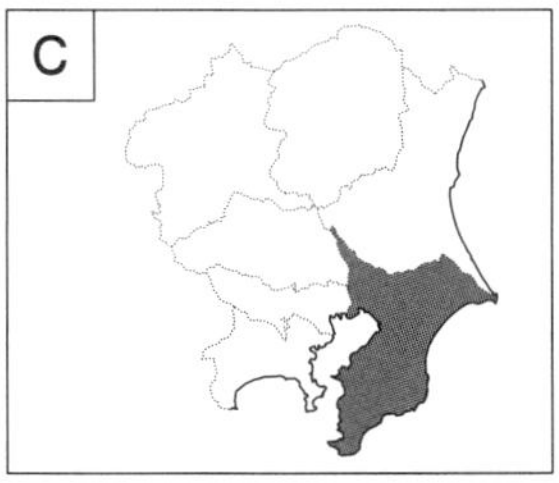

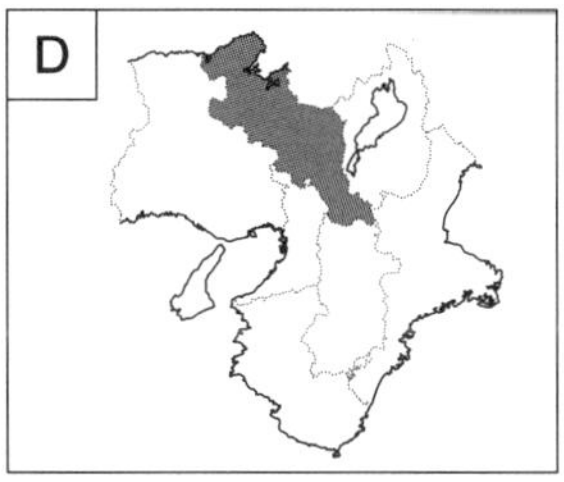

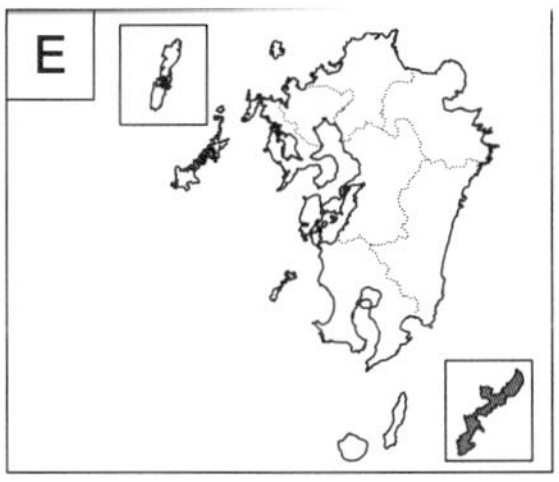

中国・四国地方の交通の特色について

〈資料Ⅰ〉 岡山県－香川県間の１日の通勤・通学者数

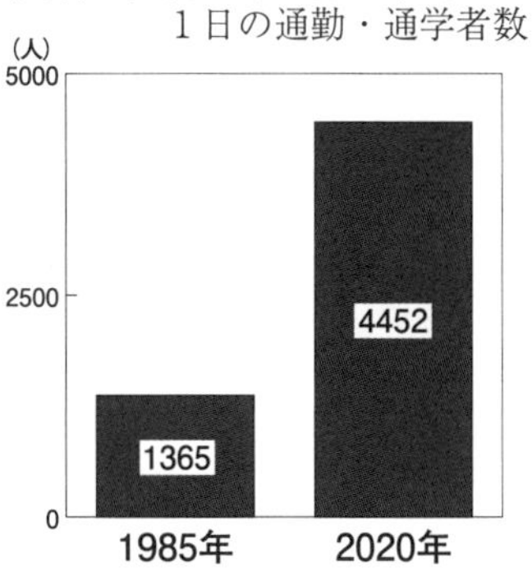

〈資料Ⅱ〉 倉敷市，岡山市，坂出市の位置

〈資料Ⅲ〉 岡山県－香川県間の移動時間の変化

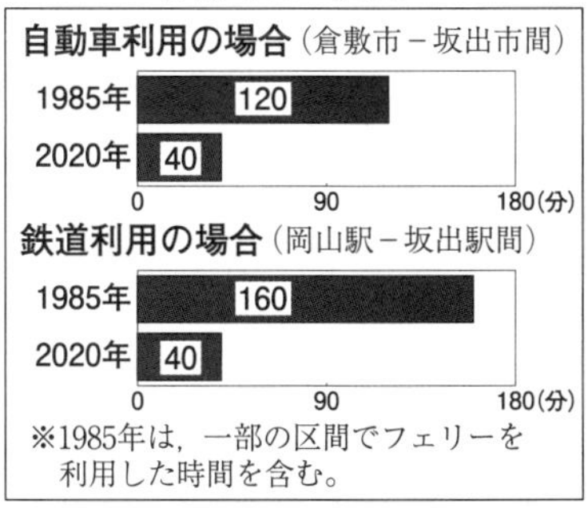

（資料Ⅰ～Ⅲは，本四高速ホームページ等から作成）

中部地方の気候と農業の特色について

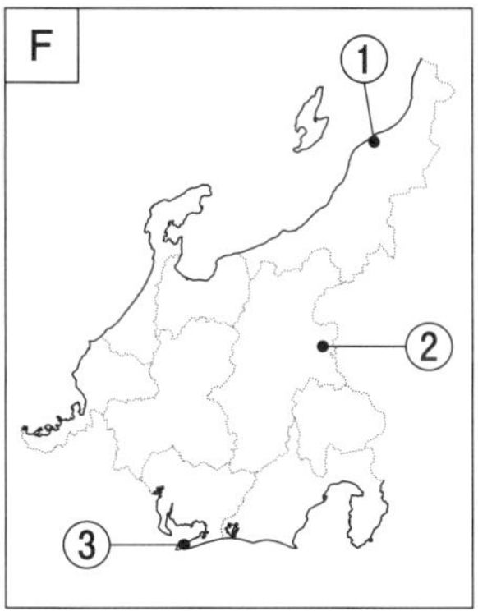

〈資料Ⅳ〉 ①～③の地点の月別平均気温

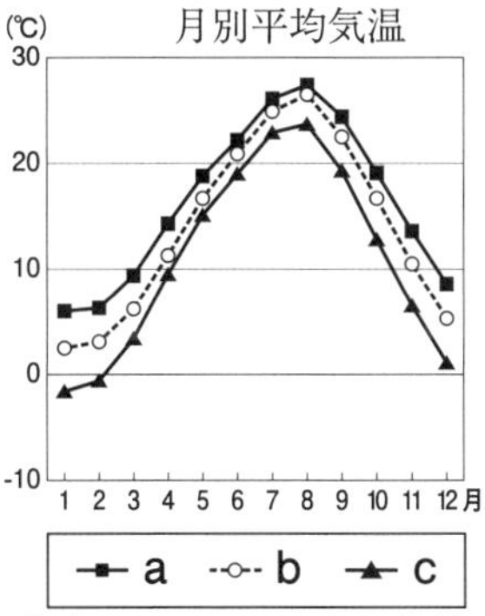

（気象庁ホームページから作成）

〈資料Ⅴ〉 ３県の農業産出額の内訳（2018年）

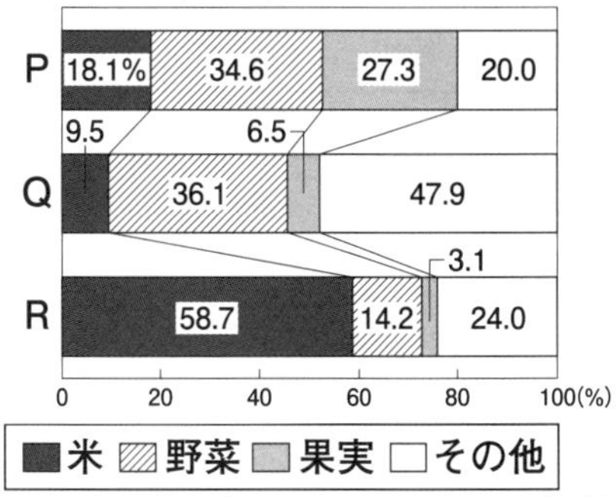

（2021年版「データでみる県勢」から作成）

（略地図Ａ～Ｆ，資料Ⅱの図法，縮尺は同じではない。）

三

問一

問二

問三

〜

問四

吾ハ失ヒ我ガ常与ヲ、我、無シ所処ル

問五

(1)

ア

イ

ウ

(2)

エ

問一. 1点
問二. 2点
問三. 2点
問四. 2点
問五. (1) 1点×3
(2) 2点

※

※

※

※

四

15点

受検番号

※

得点

※60点満点

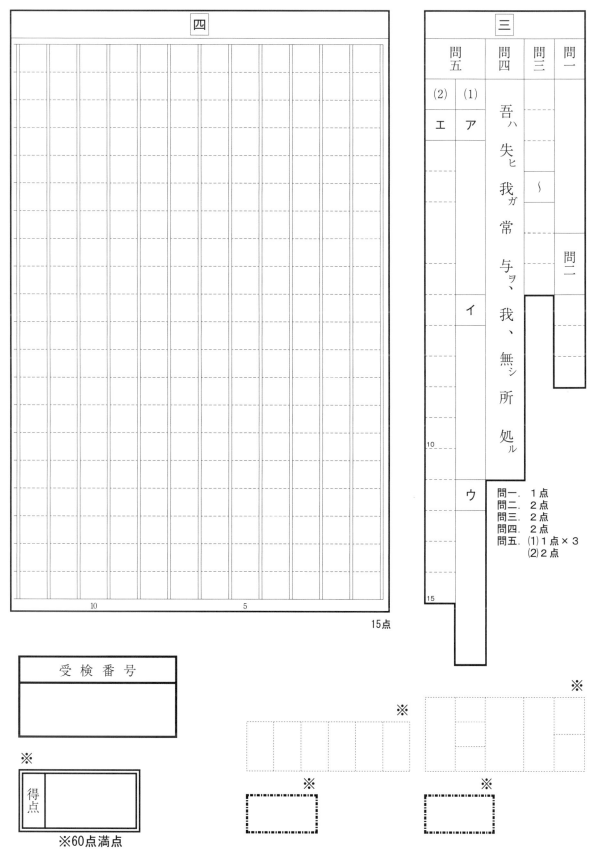

令和５年度学力検査解答用紙

数　学

受　検　番　号

氏　名

・　この用紙の内側に解答欄があります。
・　監督者の指示があったら，この用紙を冊子から取りはずし，受検番号，氏名を記入してください。なお，受検番号を記入する欄は，内側にもあります。
・　受検番号，氏名の記入が終わったら，この用紙を二つ折りにして，静かに開始の合図を待ってください。

5)
】

1	(1)		(7)	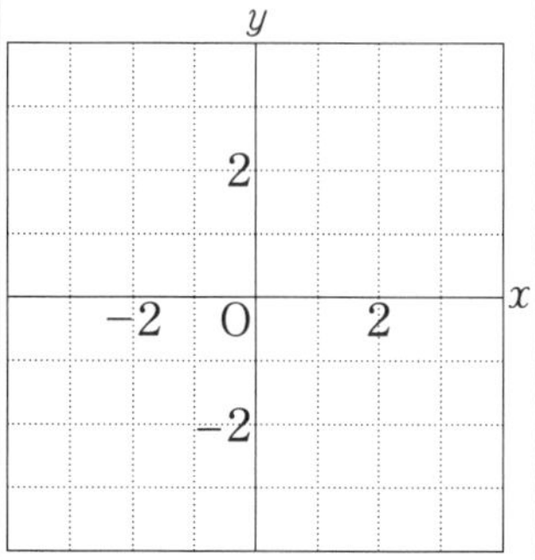
	(2)			
	(3)			
	(4)	$x=$　　，$x=$		
	(5)		(8)	およそ　　人
	(6)		(9)	°

※

※

2	(1)	円
	(2)	（説明）

※

※

3	(1)	範囲	g	四分位範囲	g	
	(2)	記号	Ⓧ		Ⓨ	
		数値	Aのデータの Ⓧ	g	Bのデータの Ⓨ	g
	(3)	累積度数	個	記号		

※

※

1 ２点×９（(4)は完答）

2 (1)２点　(2)４点

3 (1)１点×２　(2)完答１点×２　(3)累積度数…１点　記号…２点

令和５年度学力検査解答用紙

英　語

受検番号

氏名

・　この用紙の内側に解答欄があります。
・　監督者の指示にしたがって，この用紙と英語リスニングテスト問題用紙を冊子から取りはずし，英語筆記テスト問題冊子は机の中に入れてください。
・　監督者の指示があったら，受検番号，氏名を記入してください。なお，受検番号を記入する欄は，内側にもあります。
・　受検番号，氏名の記入が終わったら，この用紙を二つ折りにして，静かに放送を待ってください。

英語リスニングテスト

問題1	(1)		(2)		(3)	
問題2	(1)		(2)			
問題3	(1)		(2)		(3)	

問題4	問1	(1)	
		(2)	She can find some ( ) ( ).
		(3)	
	問2		

※

問題1　1点×3　問題2　1点×2　問題3　2点×3
問題4　問1．(1)1点　(2)2点　(3)3点　問2．3点

英語筆記テスト

1	A		B		C		D	

2点×4

※

2	問1	①	
		②	
	問2		
	問3		
	問4		

2点×5

※

令和５年度学力検査解答用紙

理　科

受検番号

氏名

- この用紙の内側に解答欄があります。
- 監督者の指示があったら，この用紙を冊子から取りはずし，受検番号，氏名を記入してください。なお，受検番号を記入する欄は，内側にもあります。
- 受検番号，氏名の記入が終わったら，この用紙を二つ折りにして，静かに開始の合図を待ってください。

1		
	問1	
	問2	
	問3	ア（　　）と（　　）　イ
	問4	

問1．完答1点
問2．2点
問3．完答2点
問4．2点

※

※

2		
	問1	
	問2	
	問3	
	問4	

2点×4

※

※

3		
	問1	
	問2	
	問3	
	問4	ア　　イ

問1．1点
問2．2点
問3．2点
問4．完答2点

※

※

4		
	問1	
	問2	
	問3	図3 Mg ⟶（　　）＋（　　）
	問4	ア　　イ ウ

問1．2点
問2．2点
問3．2点
問4．完答2点

※

※

令和５年度学力検査解答用紙

社　会

受検番号

氏　名

・　この用紙の内側に解答欄があります。
・　監督者の指示があったら，この用紙を冊子から取りはずし，受検番号，氏名を記入してください。なお，受検番号を記入する欄は，内側にもあります。
・　受検番号，氏名の記入が終わったら，この用紙を二つ折りにして，静かに開始の合図を待ってください。

1)
)】

1	問１	カードA		カードD		
	問２	㋑		㋺		
	問３					
	問４	番号				
		㋭				
	問５	→ →				
	問６					

問１．完答１点
問２．完答２点
問３．２点
問４．番号…１点
　　　㋭２点
問５．２点
問６．２点

※

※

2	問１	㋑		㋺			
	問２	㋩		㋥			
	問３						
	問４	あ		い		う	

問１．完答２点
問２．完答２点
問３．２点
問４．完答２点

※

※

3	問１			
	問２	語		
	問３			
	問４			
	問５	(1)	Xの国では,	
		(2)	㋑	
			㋺	

問１．１点
問２．１点
問３．１点
問４．２点
問５．⑴２点
　　　⑵㋑２点
　　　　㋺１点

※

※

4

問１．２点
問２．２点
問３．２点
問４．(1)完答２点
(2)完答２点

問１					
問２					
問３					
問４	(1)	②		③	
	(2)	あ			
		い			

※

※

5

問１	㋑				
	㋺				
問２	㋩		㋥		
問３	㋭				
	㋬				
問４	ⓟ		ⓠ		
	ⓡ				
問５	a		b		
問６	(1)				
	(2)	X			
		Y			

問１．完答２点　問２．完答１点
問３．㋭１点　㋬２点
問４．ⓟⓠ完答１点　ⓡ２点
問５．完答１点
問６．(1)１点　(2)X．２点　Y．１点

※

※

6

問１		
問２	イ	
	ウ	
問３		

問１．１点
問２．完答２点
問３．３点

※

※

受検番号

※

得点	

※60点満点

2)
0)】

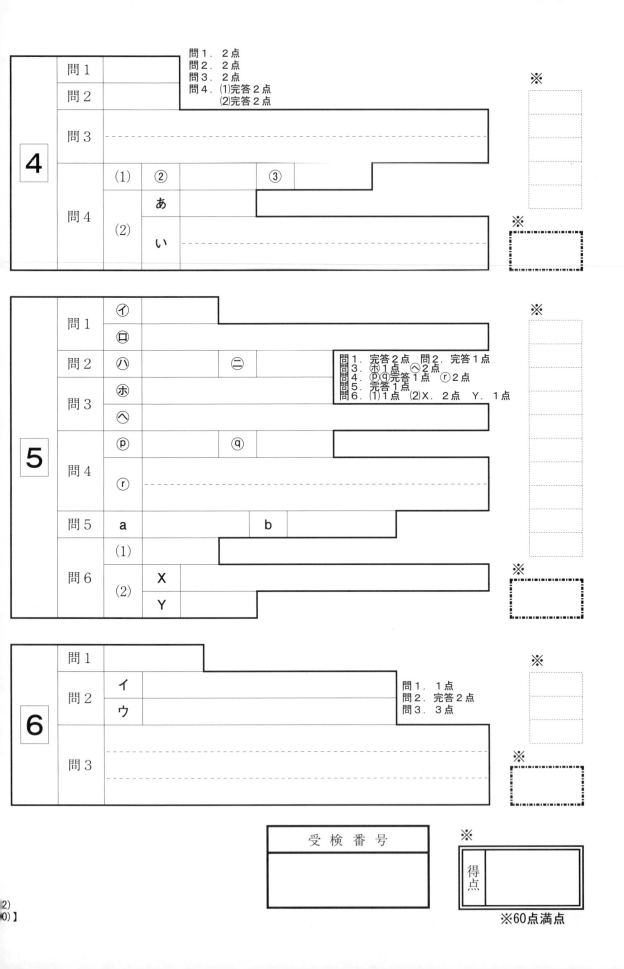

5

問1			
問2	(1)	X	
		Y	
	(2)		(3)

問1． 2点
問2． (1)完答2点
(2)(3)2点×2

※

※

6

問1	図4 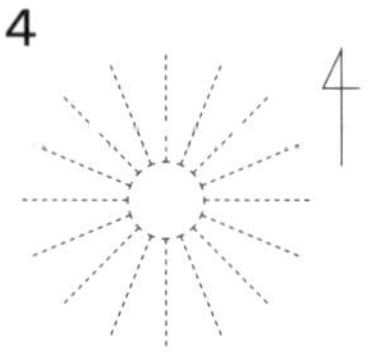	問2	
		問3	①
			②
問4	記号		内容

問1． 2点
問2． 1点
問3． 完答2点
問4． 完答2点

※

※

7

問1			
問2		問3	図2 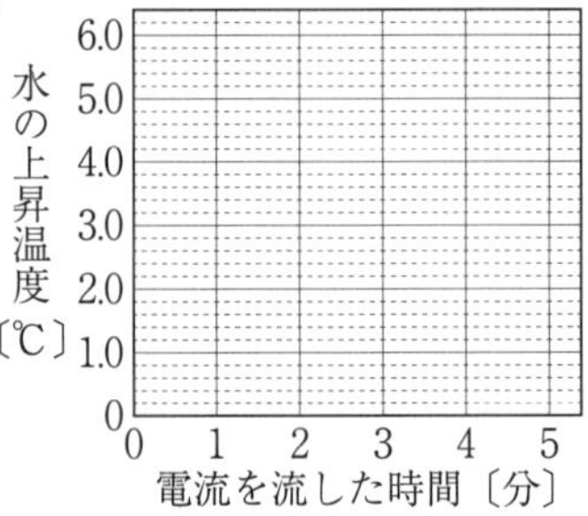
問4	ア		イ

問1． 2点
問2． 2点
問3． 2点
問4． 完答2点

※

※

8

問1	cm/s			
問2	(1)			
	(2)	Y		Z
問3	㋐		㋑	

問1． 2点
問2． (1)1点
(2)完答2点
問3． 完答2点

※

※

受検番号

※

得点	

※60点満点

0)
)】

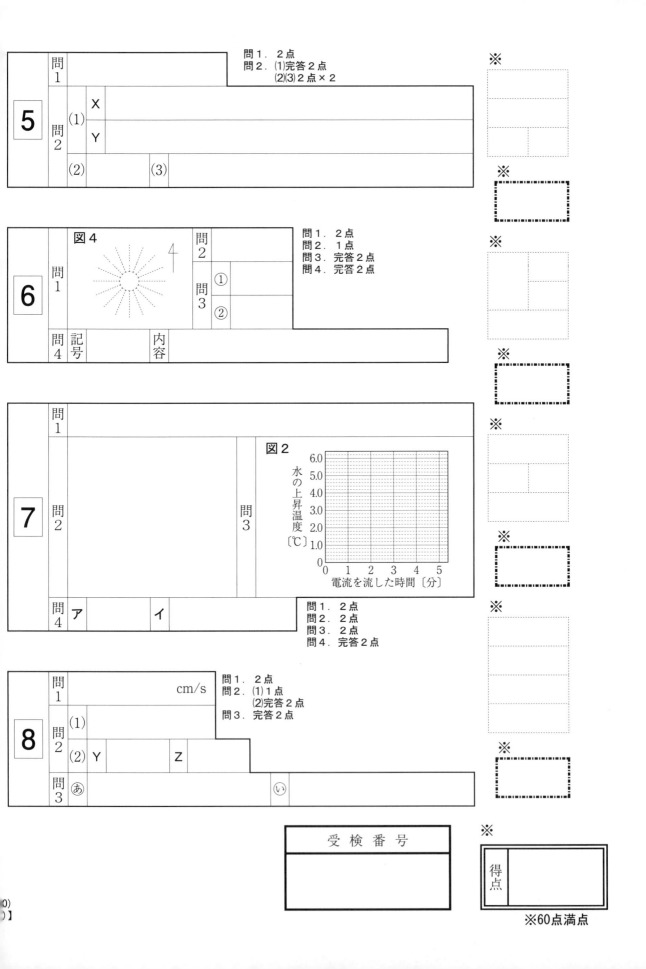

※

※

3	
問1	
問2	
問3	
問4		
問5	

問1．２点　問2．２点　問3．３点　問4．２点×２　問5．３点

※

4	
	I want to go to ［ a supermarket / an art museum / the sea ］.

８点

受検番号

※

得点	

※60点満点

3)
)】

4	(1)		(2)	秒後
	(3)	Ⓣ		
		①	②	

5	(1)		(2)	
	(3)	(証明)		
	(4)	倍		

6	(1)	cm^2		
	(2)	記号	高さ	cm
	(3)	cm		

※

※

※

※

※

※

4 (1) 2点　(2) 2点　(3)Ⓣ 3点　①②完答1点
5 (1) 1点　(2) 2点　(3) 5点　(4) 4点
6 (1) 2点　(2)記号… 1点　高さ… 2点　(3) 4点

受検番号

※

得点	

※60点満点

6)
】

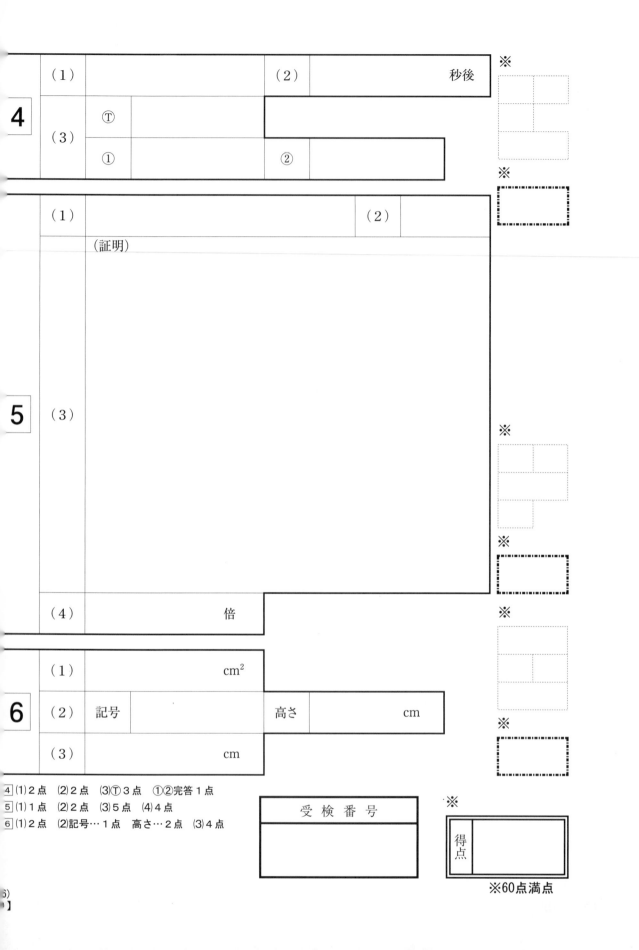

5・3国語　解答用紙

一

(1)

問一　X

問二　ア

問三

問四

問五

(2)

問一

問二

問三

問四

問五

(1)問一．１点
問二．２点
問三．３点
問四．３点
問五．３点
(2)問一．２点
問二．２点
問三．２点
問四．１点
問五．２点

二

問一

問二

問三　ア　イ

問四

問五

気持ち。

問一．１点
問二．２点
問三．ア．１点
イ．２点
問四．３点
問五．３点

※ ※ ※

※ ※ ※

4)
】

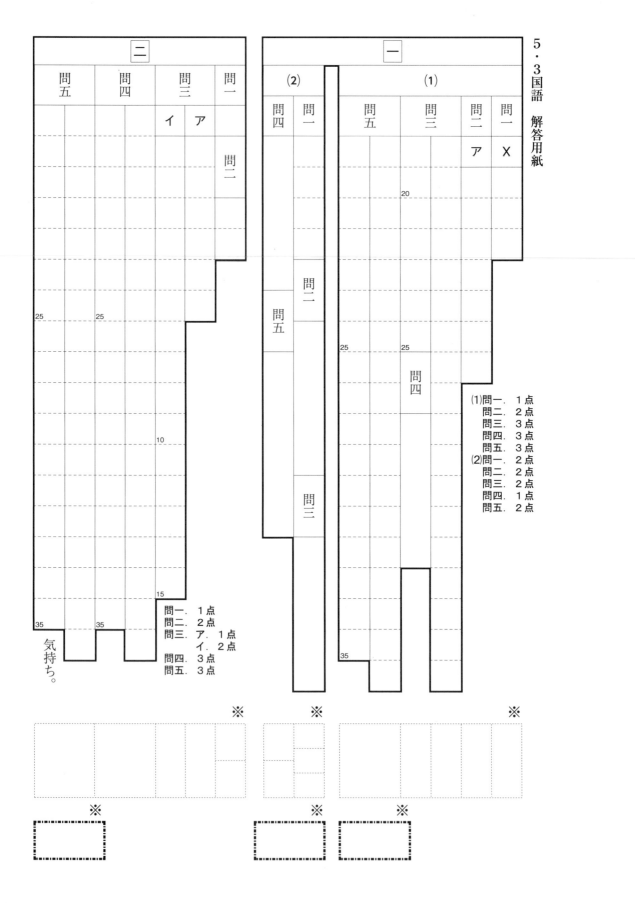

令和５年度学力検査解答用紙

国　語

受検番号

氏　名

・　この用紙の内側に解答欄があります。
・　監督者の指示があったら，この用紙を冊子から取りはずし，受検番号，氏名を記入してください。なお，受検番号を記入する欄は，内側にもあります。
・　受検番号，氏名の記入が終わったら，この用紙を二つ折りにして，静かに開始の合図を待ってください。

問１　略地図**A**について，**X**は緯線，**Y**は経線を示す。**X**の緯度と**Y**の経度とを正しく組み合わせたものを，次の**1**～**4**から一つ選び，番号を書け。

1　**X**は北緯50度，**Y**は東経145度　　**2**　**X**は北緯50度，**Y**は東経155度

3　**X**は北緯40度，**Y**は東経145度　　**4**　**X**は北緯40度，**Y**は東経155度

問２　表の**ア**～**エ**は，略地図**B**～**E**の地方のうち，⬬で示す道府県のいずれかである。表の**イ**にあてはまる道府県を含む地方を，**B**～**E**から一つ選び，記号を書け。

〈表〉

項目／道府県	人口（万人）	国際線航空旅客輸送数（十万人）	宿泊施設でののべ宿泊者数（十万人）	温泉地数	国宝指定件数（件）
	2017年	2017年	2017年	2017年	2023年
ア	625	147	246	91	4
イ	532	19	356	244	1
ウ	144	19	217	9	2
エ	260	－	189	40	237

（文化庁ホームページ等から作成）

問３　中国・四国地方の交通の特色について，資料Ⅰのような変化がみられる理由の一つを，資料Ⅱ，Ⅲから読み取って書け。

問４　中部地方の気候と農業の特色について，資料Ⅳの**a**～**c**は，略地図**F**の①～③のいずれかの地点の月別平均気温を示している。また，資料Ⅴの**P**～**R**は，略地図**F**の①～③の地点が含まれるいずれかの県の農業産出額の内訳を示している。(1)，(2) に答えよ。

(1)　略地図**F**の②，③の地点の月別平均気温を示すものを，資料Ⅳの**a**～**c**からそれぞれ一つ選び，記号を書け。

(2)　下の □ 内は，千春さんが，中部地方の農業の特色についてまとめたものである。（**あ**）にあてはまるものを，資料Ⅴの**P**～**R**から一つ選び，記号を書け。また，〔　**い**　〕にあてはまる内容を，資料Ⅴから読み取れることと，「都市」の語句を使って書け。

> 中部地方は，大きく三つの地域に分けられており，農業にもそれぞれ特色がみられる。略地図**F**の③の地点を含む県の農業産出額の内訳を示すものは（**あ**）である。略地図**F**の③の地点を含む県の農業の特色の一つは，〔　**い**　〕ことである。

5　健一さんと洋子さんの学級では，公民的分野で学んだことについて，班ごとにテーマを決めて発表するため，調べた内容の一部を発表原稿にまとめた。発表原稿をみて，各問に答えよ。

〈発表原稿〉

1班

テーマ　地球環境問題と国際協力

①地球温暖化など地球規模の環境問題を世界共通の課題としてとらえ，国や地域などが連携して国際的な枠組みをつくり，それが守られるよう努力することが必要です。

2班

テーマ　日本国憲法の基本的原理

日本国憲法の前文には，この憲法が制定された理由や目的が書かれています。ここから，日本国憲法は，国民主権，②基本的人権の尊重，平和主義の三つを基本的原理としていることがわかります。

3班

テーマ　国会，内閣，裁判所の役割

日本では，国会が法律の制定や③予算の審議などを行い，内閣が国の内政や外交の基本方針を検討し，決定します。また，争いや事件を法に基づいて解決する役割を④裁判所が担っています。

4班

テーマ　日本経済における日本銀行と政府の役割

⑤日本銀行は日本の中央銀行として，通貨の量を調整して，景気や物価の安定を図る金融政策を行い，政府は⑥歳入や歳出を通じて，景気の安定を図る財政政策を行っています。

問１　下の□内は，下線部①についてまとめたものである。㋑の（　）にあてはまるものを一つ選び，記号を書け。また，〔　㋺　〕にあてはまる内容を書け。

> 1997年に地球温暖化の問題について，㋑（**あ**　京都議定書，**い**　パリ協定）が採択され，その中で，先進国に〔　㋺　〕の削減を義務づけることが定められた。

問２　下の□内は，下線部②についてまとめたものである。㋩，㋥の（　）にあてはまるものを，それぞれ一つ選び，記号を書け。

> 人は，一人一人がかけがえのない存在であり，日本国憲法の第13条において，すべて国民は，㋩（**A**　個人，**B**　主権者）として尊重されるとされているが，その実現のためには，社会的身分や性別などを理由とした差別を禁止し，日本国憲法の第14条に示される㋥（**C**　請願権，**D**　平等権）を保障することが必要である。

問３　下線部③について，下の□内は，健一さんと，洋子さんが，資料Ⅰをもとに会話した内容の一部である。（㋭）にあてはまる語句を書け。また，〔　㋬　〕にあてはまる内容を，「国会」の語句を使って書け。ただし，同じ記号は同じ語句を示している。

> 洋子：　衆議院で可決された後，参議院で否決された場合，予算案の審議は，どのような結果になるのかな。
>
> 健一：　衆議院と参議院の議決が異なった場合，（㋭）が開催されることになっているよ。資料Ⅰの場合は，参議院で予算案が否決された日と同じ日に，（㋭）が開催されたけど，意見が一致しないため，〔　㋬　〕になるね。

〈資料Ⅰ〉ある年の国会における予算案の審議

4月16日　衆議院で可決

↓

5月15日　参議院で否決

↓

5月15日　（㋭）の開催

↓

5月15日　意見が一致しないため，〔　㋬　〕

（衆議院ホームページから作成）

問４　下線部④について，下の □ 内は，健一さんと，洋子さんが，図Ⅰをもとに会話した内容の一部である。ⓟ，ⓠの（　）にあてはまるものをそれぞれ一つ選び，記号を書け。また，〔　ⓡ　〕にあてはまる内容を，「有罪か無罪か」と「刑罰」の語句を使って書け。

〈図Ⅰ〉

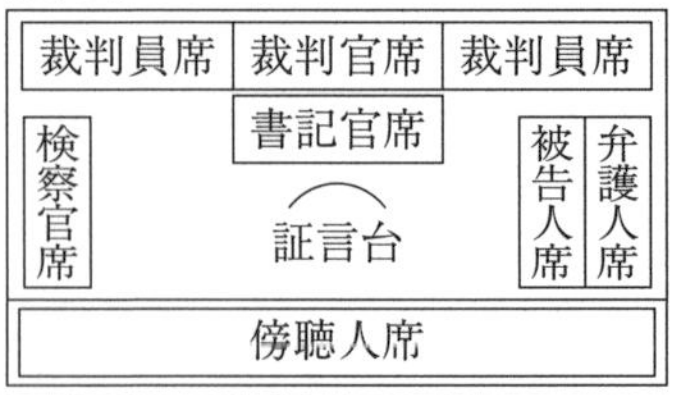

> 健一：　図Ⅰは，ⓟ（**ア**　民事，**イ**　刑事）裁判の，ⓠ（**ウ**　第一審，**エ**　第二審）の法廷の様子であることがわかるよ。
>
> 洋子：　図Ⅰに示される，裁判員制度は，2009年から実施されているね。この制度はどのようなしくみと目的で導入されるようになったのかな。
>
> 健一：　国民の中から選ばれた裁判員が，裁判官とともに，〔　ⓡ　〕というしくみだよ。この制度は，裁判を国民にとって身近なものにして，裁判への信頼を深めていくことを目的の一つとしているよ。

問５　下線部⑤について，健一さんは，日本銀行のはたらきについて調べるため，図Ⅱを作成した。図Ⅱの（**a**）～（**c**）には，家計，政府，銀行のいずれかがあてはまる。図Ⅱの（**a**），（**b**）にあてはまる語句をそれぞれ書け。

〈図Ⅱ〉

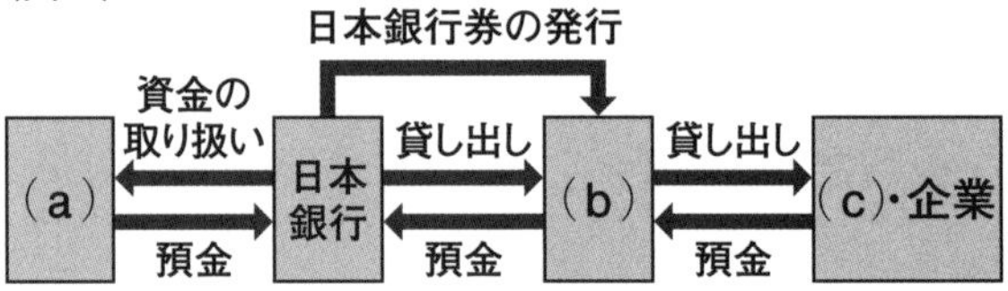

問６　下線部⑥について，健一さんは，表，資料Ⅱを作成した。(1)，(2) に答えよ。

(1)　表は，歳入のうち，税金についてまとめたものである。表の（あ）～（え）にあてはまる語句のうち，二つを正しく組み合わせたものを，次の**1**～**4**から一つ選び，番号を書け。

〈表〉

納め方の違い ／ 納付先の違い	（あ）	（い）
（う）	（例）所得税 法人税	（例）消費税 関税
（え）	（例） 自動車税	（例） ゴルフ場利用税

1　あは直接税，うは地方税　　**2**　いは直接税，えは国税
3　あは間接税，うは国税　　**4**　いは間接税，えは地方税

(2)　下の □ 内は，健一さんが，わが国の歳入と歳出についてまとめたものである。〔　**X**　〕にあてはまる内容を書け。また，（**Y**）にあてはまる語句を，次の**1**～**4**から一つ選び，番号を書け。

> 2021年度のわが国の歳入は，〔　**X**　〕を目的に発行される国債の額の割合が約４割を占めており，わが国の歳出は，社会保障関係費が最も大きな割合を占めている。資料Ⅱから，わが国の歳出における社会保障関係費の内訳で最も大きな割合を占めているのは，社会保障制度の柱のうち，（**Y**）に関するものであることがわかる。

〈資料Ⅱ〉わが国の歳出における社会保障関係費の内訳（2021年度）

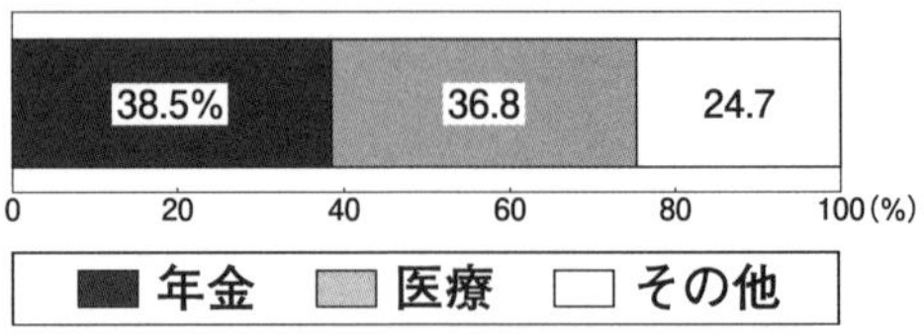

（厚生労働省ホームページから作成）

1　社会福祉　　**2**　公的扶助　　**3**　公衆衛生　　**4**　社会保険

6　下の □ 内は，由紀さんと健太さんが，「地域の活性化に向けて」というテーマで会話した内容の一部である。会話文を読み，各問に答えよ。

由紀：　わが国の人口について調べてみると，東京，（**ア**），名古屋の三大都市圏や地方の大都市を中心に人口が集中する一方，山間部や離島を中心に人口が減少しているところがあるね。人口の減少は，教育や医療，防災などの地域社会を支える活動が困難になる過疎につながるよ。

健太：　そうだね。例えば，資料Ⅰから，全国と東京都の年齢別人口割合を比べると，東京都は，〔　**イ**　〕の割合が高いね。また，全国と**A**町を比べると，**A**町は，〔　**ウ**　〕の割合が高いことから，**A**町では，労働力が減少していくことが考えられるよ。課題の解決に向け，どのような取り組みを行っているのかな。

由紀：　**A**町では，資料Ⅱのような取り組みを行い，成果を上げているよ。資料Ⅱのような取り組みを行うことで，〔　**エ**　〕ができているのだね。

健太：　このような取り組みを他の地域でも進めていくために大事なことは何かな。

由紀：　地域の様々な立場の人たちが，協力して取り組んでいくことが大事ではないかな。そのことが，地域の活性化に結びつくと考えられるよ。

問１　会話文の（**ア**）にあてはまる語句を書け。

問２　会話文の〔　**イ**　〕，〔　**ウ**　〕にあてはまる内容を，資料Ⅰから読み取って書け。

問３　会話文の〔　**エ**　〕にあてはまる内容を，資料Ⅱ～Ⅳから読み取れることを関連づけて，「雇用」の語句を使って書け。

〈資料集〉

〈資料Ⅰ〉全国，東京都，**A**町の年齢別人口割合（2005年）

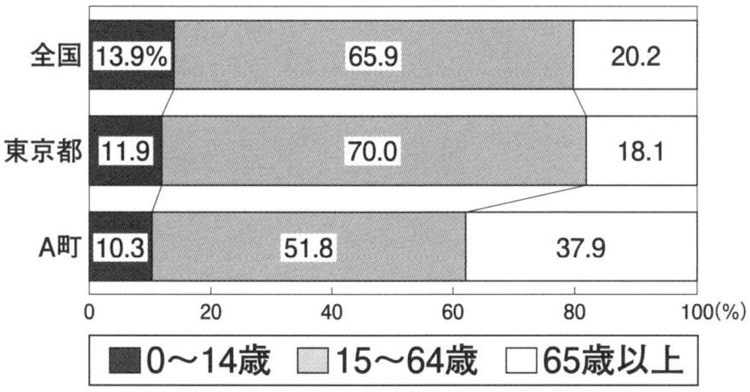

（総務省ホームページから作成）

〈資料Ⅱ〉2005年以降の**A**町での取り組み

○　商品開発や販売のため，町役場が中心となって出資し，企業を立ち上げる。

○　町役場や地元の漁師，農家が協力して，**A**町の海産物や農産物を使用した加工食品などの開発や生産を行い，地元の市場に出荷するだけでなく，直接，大都市の小売業者に販売する。

（内閣府ホームページから作成）

〈資料Ⅲ〉**A**町の加工食品などの商品の売上高の推移

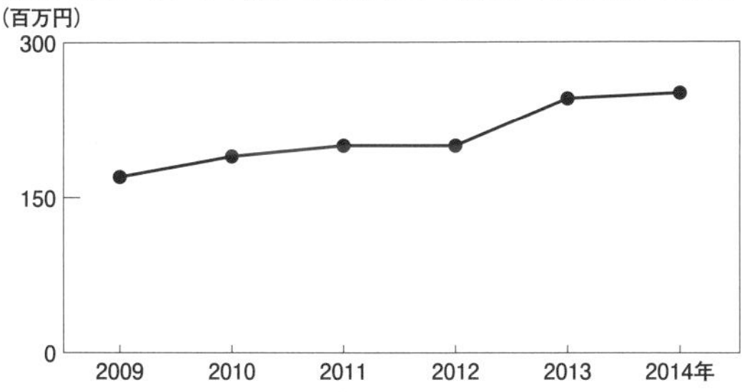

（関係地方公共団体資料から作成）

〈資料Ⅳ〉**A**町の農林漁業及び食料品製造業の事業所数と従業者数の変化

2009年の事業所数を１としたときの2014年の事業所数の割合	1.31
2009年の従業者数を１としたときの2014年の従業者数の割合	1.46

（総務省ホームページから作成）

これで，社会の問題は終わりです。

5　火山岩と深成岩のつくりのちがいを調べるために，火山岩と深成岩をルーペで観察し，それぞれスケッチした。**表**は，観察結果を示したものである。

表

	火山岩	深成岩
岩石のスケッチ	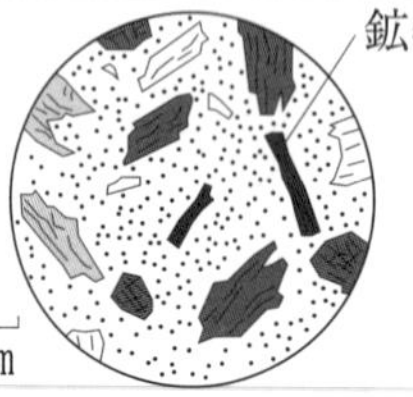	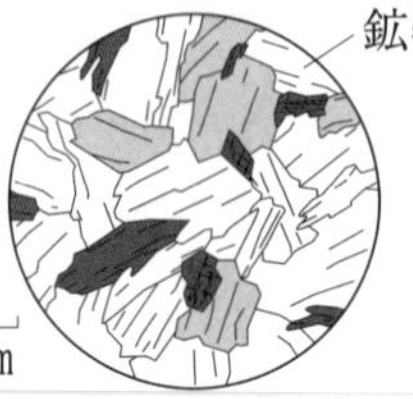
気づいたこと	火山岩は，やや大きい鉱物が，粒《つぶ》のよく見えない部分に散らばっていた。深成岩は，同じくらいの大きさの鉱物がきっちりと組み合わさっていた。また，深成岩は，火山岩に比べて白っぽい色をしていた。	

問１　下線部のような深成岩のつくりを何というか。

問２　下は，火山岩と深成岩のつくりと色のちがいについて考察しているときの，愛さんと登さんと先生の会話の一部である。

先生

先生：火山岩と深成岩のつくりに，ちがいができるのはなぜですか。

愛さん

愛さん：火山岩と深成岩ができる場所によって，マグマが冷え固まるまでの時間にちがいがあるからだと思います。

先生：よく気づきましたね。それでは，できる場所と冷え固まるまでの時間に着目して，火山岩と深成岩のでき方のちがいを説明してみましょう。

登さん

登さん：火山岩は，マグマが（　X　）冷え固まってでき，深成岩は，マグマが（　Y　）冷え固まってできます。

先生：そうですね。それでは，観察した深成岩が火山岩に比べて，白っぽい色をしているのはなぜか，考えてみましょう。

愛さん：火山岩と深成岩に含まれる鉱物は，有色の鉱物と白色や無色の鉱物に分けられることを学習しました。観察した深成岩が白っぽい色をしているのは，〔　　〕が小さいからだと考えられます。

先生：そのとおりです。

(1)　会話文中の（**X**），（**Y**）にあてはまる内容を，それぞれ簡潔に書け。

(2)　会話文中の下線部について，火山岩には黒色の長い柱状をした鉱物**A**が，深成岩には無色で不規則な形をした鉱物**B**が見られた。鉱物**A**，**B**の名称の正しい組み合わせを，次の**1**～**4**から１つ選び，番号を書け。

1　**A**：カンラン石　**B**：キ石　　**2**　**A**：カンラン石　**B**：セキエイ
3　**A**：カクセン石　**B**：キ石　　**4**　**A**：カクセン石　**B**：セキエイ

(3)　会話文中の〔　〕にあてはまる内容を，簡潔に書け。

6　下の□内は，日本の春の天気図とつゆの天気図をもとに，生徒が調べた内容の一部である。**図１**は，日本周辺の気団Ｘ～Ｚを模式的に示したものであり，**図２**，**図３**は，ある年の３月12日，７月８日のそれぞれの日における，午前９時の日本付近の気圧配置などを示したものである。また，**図２**の **- - -** は前線の位置を示している。

図１

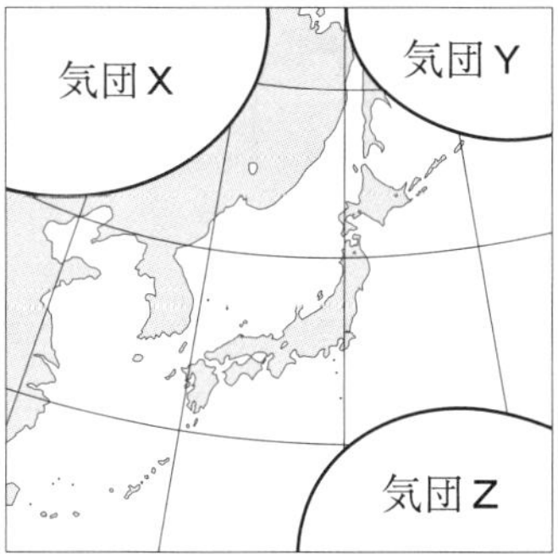

図２（３月12日午前９時）

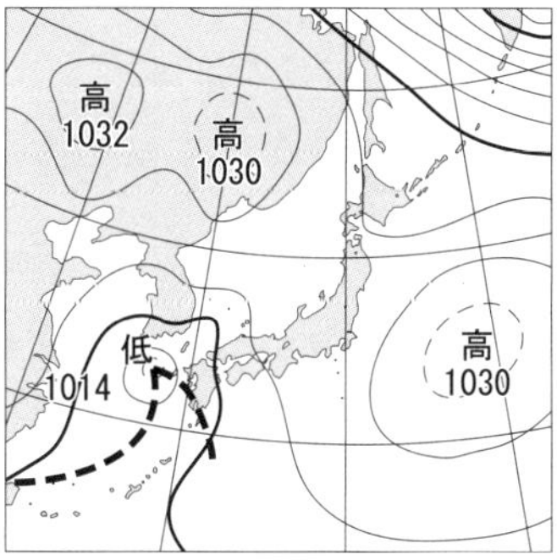

図３（７月８日午前９時）

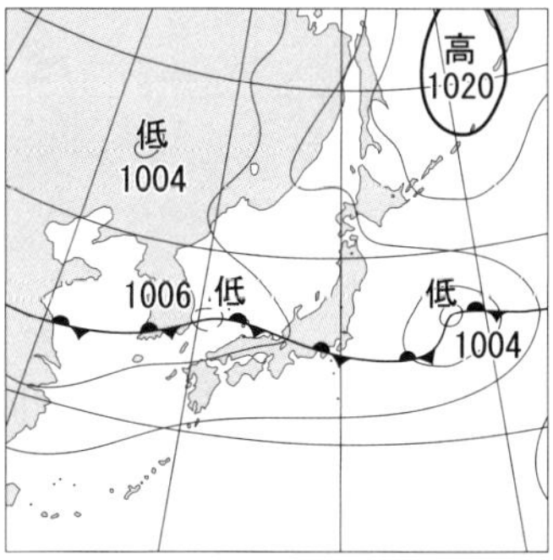

図１のように，日本付近には特徴の異なる気団があり，日本の気象に影響を与えている。

春は，４～６日くらいの周期で天気が変わることが多い。高気圧が近づいてくると晴れとなり，**図２**で見られるような低気圧が近づいてくると雲がふえ，雨になることが多い。

つゆの時期には，北の冷たく①(**ア** しめった　**イ** 乾燥した) 気団Ｙと，南のあたたかく②(**ウ** しめった　**エ** 乾燥した) 気団Ｚがぶつかり合い，**図３**で見られるような停滞前線ができるため，長雨となる地域がある。

問１　**表**は，福岡県のある地点における３月12日午前９時の気象観測の結果を示したものである。この結果を，解答欄の**図４**に天気図記号で表せ。

表

天気	風向	風力
雨	北東	1

図４

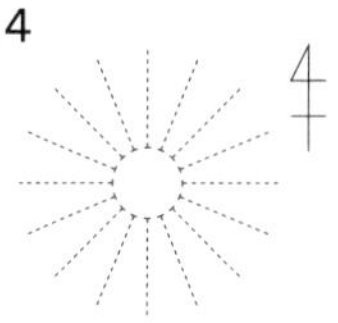

問２　**図２**で見られる低気圧の中心からできるそれぞれの前線を示した図として，最も適切なものを，次の**１**～**４**から１つ選び，番号を書け。

1

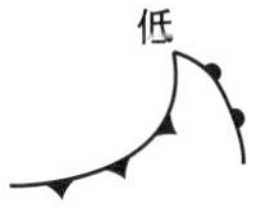

2

3

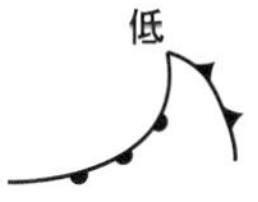

4

問３　文中の①，②の（　）内から，それぞれ適切な語句を選び，記号を書け。

問４　下の□内は，**図３**で見られる停滞前線について説明した内容の一部である。文中の（　）内から，適切な語句を選び，記号を書け。また，〔　〕にあてはまる内容を，簡潔に書け。

図３で見られる停滞前線は，梅雨前線とよばれている。梅雨前線は，５月の中頃に沖縄付近に現れ，ゆっくりと北上し，６月の中頃から７月にかけて，本州付近に停滞することが多い。７月の中頃になると，(**Ｐ** シベリア気団　**Ｑ** 小《お》笠《がさ》原《わら》気団) の〔　　〕なり，梅雨前線は北におし上げられ，やがて見られなくなる。

7

電熱線に電流を流したときの水の温度変化を調べるために，**A**～**C**の３つの班に分かれ，異なる種類の電熱線を用いて**図１**の装置をつくり，実験を行った。

実験では，発泡ポリスチレンのカップに水100ｇを入れ，しばらくしてから水温をはかった。次に，カップの中の水に電熱線を入れ，電圧計の値が6.0Ｖになるように電圧を調整して，回路に電流を流した。その後，水をガラス棒でゆっくりかき混ぜながら１分ごとに５分間，水温をはかった。

図１

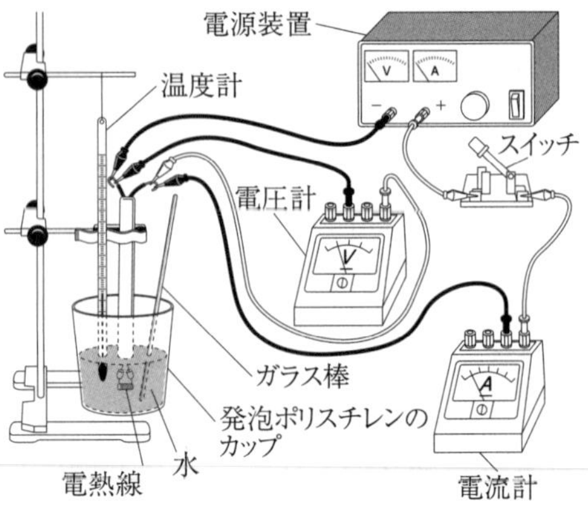

表１は，電圧が６Ｖのときに消費する，各班が用いた電熱線の電力を示したものであり，**表２**は，実験結果を示したものである。

表１

	電力〔W〕
A班	6
B班	9
C班	3

表２

電流を流した時間〔分〕		0	1	2	3	4	5
水温〔℃〕	**A**班	16.0	16.8	17.6	18.4	19.2	20.0
	B班	16.1	17.3	18.5	19.7	20.9	22.1
	C班	16.0	16.4	16.8	17.2	17.6	18.0

問１　下線部について，発泡ポリスチレンのカップが，この実験に用いる器具として適している理由を，「熱量」という語句を用いて，簡潔に書け。

問２　**図１**の装置に用いられている回路の回路図を，電気用図記号を使って解答欄に記入せよ。ただし，**図１**に示されている電気器具を全て記入すること。

問３　**表２**の**A**班の結果をもとに，「電流を流した時間」と「水の上昇温度」の関係を，解答欄の**図２**にグラフで表せ。なお，グラフには水の上昇温度の値を・で示すこと。

図２

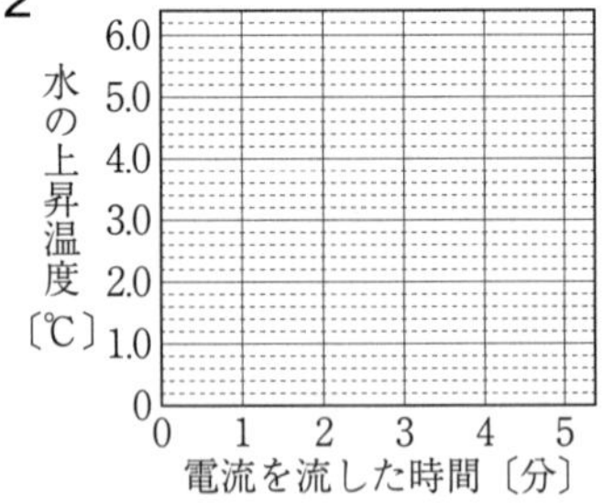

問４　下の□内は，この実験について考察した内容の一部である。文中の（**ア**）に，**A**～**C**のうち，適切な記号を書け。また，（**イ**）に，適切な語句を入れよ。

> 電力と５分後の水の上昇温度の関係をグラフで表すと，**図３**のようになった。**表１**から，最も電気抵抗が小さいのは，（**ア**）班の電熱線であることがわかるので，**図３**から，電気抵抗の小さい電熱線の方が，発熱量が（**イ**）と考えられる。

図３

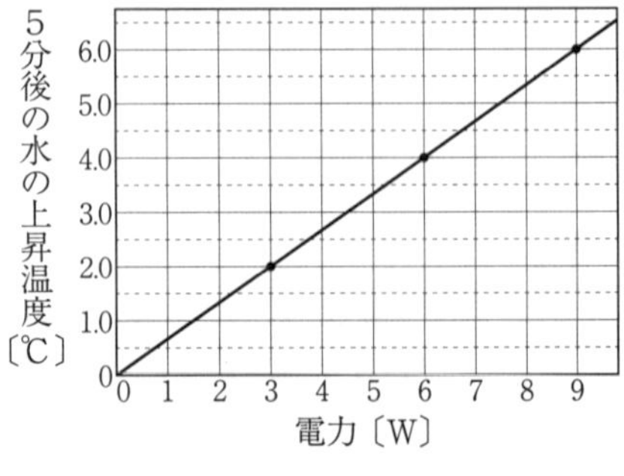

8　斜面を下る台車の運動を調べる実験を行った。下の□内は，その実験の手順である。ただし，摩擦や空気の抵抗，テープの重さ，テープの伸びは考えないものとする。

> 手順１　**図１**のように，斜面に固定した記録タイマーに通したテープを，斜面上の**A**点に置いた台車につける。
> 手順２　テープから静かに手を離し，台車が**A**点から**B**点まで斜面を下るようすを，$\frac{1}{60}$秒ごとに打点する記録タイマーで記録する。
> 手順３　テープのはじめの，打点の重なっている部分は使わずに，残りのテープを打点が記録された順に６打点ごとに①～④に切り分ける。
> 手順４　**図２**のように，①～④を順に左から台紙にはる。
> 手順５　**図２**の①～④のテープの長さから，各区間の台車の平均の速さを求め，**表**に記入する。

図２

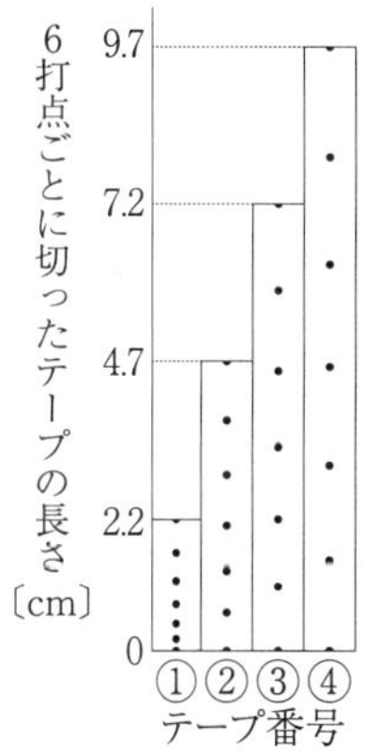

図１

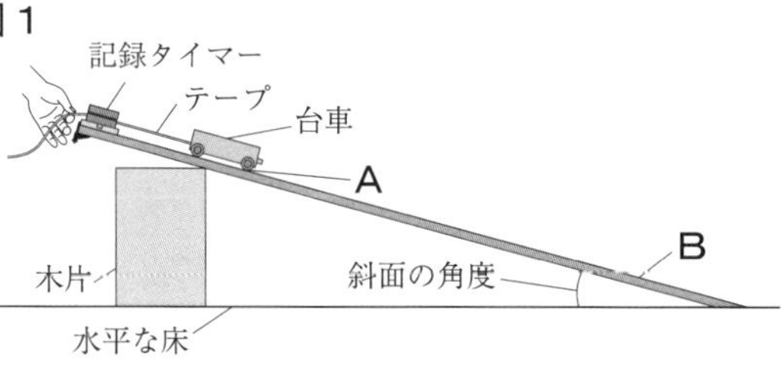

表

区間（テープ番号）	①	②	③	④
台車の平均の速さ〔cm/s〕	22	47	72	97

問１　**図３**は，手順３で切り分ける前のテープを表している。**P**点が打点されてから，**Q**点が打点されるまでの，台車の平均の速さを求めよ。

図３

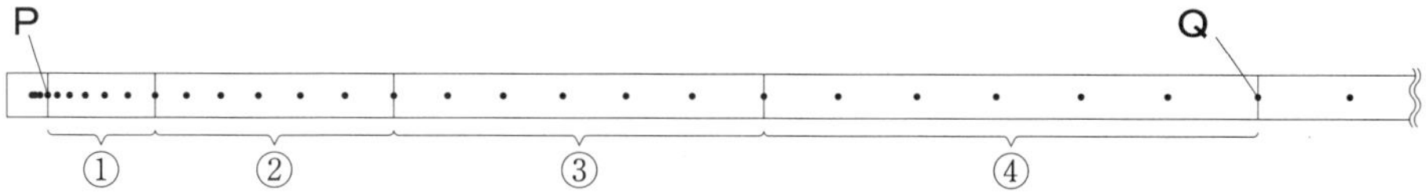

問２　下は，**表**をもとに，台車の速さの変化について考察しているときの，花さんと健さんと先生の会話の一部である。

先生：**表**から何か気づいたことはありませんか。

花さん：各区間の平均の速さが増加していくことから，台車はだんだん速くなっていることがわかります。

健さん：**表**から速さの増え方を求めると，速さが（**X**）とともに一定の割合で変化していることがわかります。

先生：よく気づきましたね。それでは，台車の速さの変化について，台車が受けている力に着目して考えてみましょう。

＜花さんの考え＞

台車はだんだん速くなっているので，台車が斜面を下るにつれて，台車が運動の向きに受ける力は大きくなっていくと思います。

花さん

＜健さんの考え＞

速さが一定の割合で変化しているので，斜面を下っている間は，台車が運動の向きに受ける力の大きさは変わらないと思います。

健さん

よく考えましたね。それでは，ばねばかりを用いて，台車が受ける力を調べてみましょう。**花さんの考え**と**健さんの考え**を確かめるためには，どのような実験を行えばよいでしょうか。

斜面上のA点とB点で，台車が受けている斜面に平行な力の大きさを，それぞれはかります。私の考えが正しいならば，力の大きさは（　Y　）なると思います。**花さんの考え**が正しいならば，力の大きさは（　Z　）なると思います。

健さん

そのとおりです。

(1)　会話文中の（X）に，適切な語句を入れよ。

(2)　会話文中の（Y），（Z）に，あてはまる内容として，最も適切なものを，次の1～3からそれぞれ1つずつ選び，番号を書け。

1　A点よりB点の方が大きく

2　A点とB点で等しく

3　B点よりA点の方が大きく

問3　実験後，**図4**のように，斜面上のC点に台車を置き，静かに手を離した。次に，**図5**のように，**図4**よりも斜面の角度を小さくし，水平な床からの高さがC点と同じであるE点に台車を置き，静かに手を離した。このように斜面の角度を小さくすると，**図4**のC点に台車を置いて静かに手を離した場合と比べて，次のⓐ，ⓘはどうなるか，簡潔に書け。ただし，D点は，斜面と水平な床が接する点である。

図4

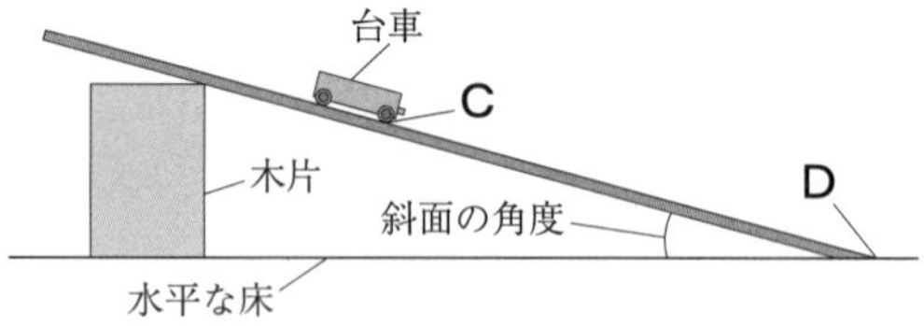

図5

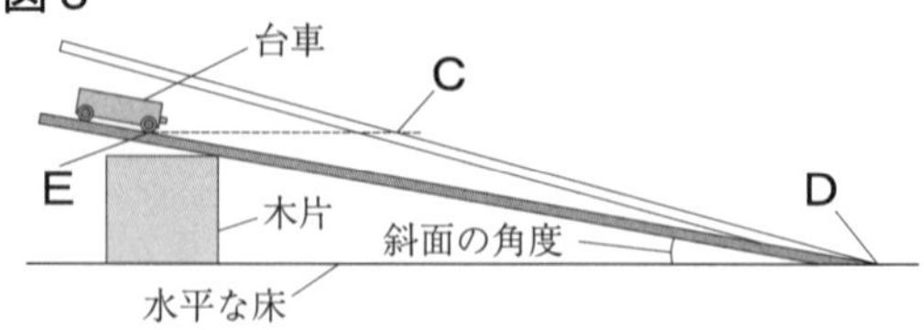

ⓐ　台車の先端がD点に達するまでの時間

ⓘ　台車の先端がD点に達したときの台車の速さ

※教英出版注
音声は，解答集の書籍ＩＤ番号を教英出版ウェブサイトで入力して聴くことができます。

令和５年度「英語リスニングテスト」放送台本

説明

（４連続音チャイム　○－○－○－○）
これから，「英語リスニングテスト」を行います。リスニングテスト問題用紙と解答用紙を開きなさい。問題は，**問題１**から**問題４**まであります。なお，放送中にメモをとってもかまいません。

問題１

（２連続音チャイム　○－○）
それではテストを始めます。**問題１**を見なさい。これから，英語で短い質問をします。その後に続けて読まれる**ア**，**イ**，**ウ**，**エ**の英語の中から，答えとして最も適当なものを一つずつ選び，記号で答えなさい。問題は3問あり，英語はそれぞれ1回だけ読まれます。それでは始めます。

(1) Lucy, can I sit next to you?
ア Me, too.　**イ** You, too.　**ウ** Yes, of course.　**エ** No, I can't.
(2) Ms. Baker, what drink would you like?
ア It's so delicious.　**イ** I like cooking.　**ウ** OK, let's begin.　**エ** Tea, please.
(3) Hi, Jane. Where are you going?
ア I went to London.　**イ** To the post office.　**ウ** From school.　**エ** I live in Kyoto.

問題２

（２連続音チャイム　○－○）
問題２を見なさい。これから，表や図について英語で質問します。その答えとして最も適当なものを，表や図の中から抜き出して答えなさい。英語はそれぞれ2回繰り返します。それでは始めます。

(1) Satoshi has a sister who goes to Minami High School. He will visit its school festival in the afternoon. His sister will take part in the speech contest, so he is going to listen to her speech. He wants to watch the movie this year because he watched the dance performances last year. Which room will he visit at 3:00 p.m.?
―――（繰り返し）―――
(2) Akiko asked her classmates how they spend their time after lunch. The number of students who play sports and the number of students who study are the same. Some students read books, but more students talk with their friends. How many students talk with their friends?
―――（繰り返し）―――

問題３

（２連続音チャイム　○－○）
問題３を見なさい。これから，生徒会長の健斗とアメリカからの留学生サラが対話をします。その対話の後で，「クエスチョン（Question）」と言って英語で質問します。その答えとして最も適当なものを**ア**，**イ**，**ウ**，**エ**の中から一つずつ選び，記号で答えなさい。英語は2回繰り返します。それでは始めます。

Sarah: Hello, I'm Sarah. Nice to meet you.
Kento: Nice to meet you too, Sarah. I'm Kento. Welcome to our school! Have you ever been to Japan?
Sarah: No, I haven't. I've wanted to come to Japan, so I'm very excited!
Kento: I'm glad to hear that. How was your first day at school?

(注) decreasing …………	減っている	community center ……	公民館
chance ………………	機会	*mochitsuki* ………………	もちつき
rice cakes …………	もち	look forward to ～ …..	～を楽しみに待つ

問1　英文中の下線部①，②が，会話の内容から考えて意味がとおるように，それぞれ(　　　)内から4語を選び，それらを正しい語順に並べて書け。

問2　英文中の□には，次の**ア**～**エ**のいずれかが入る。会話の内容から考えて，最も適当なものを，一つ選び，記号を書け。

ア　take local people to the community center
イ　tell us about some events in your country
ウ　write a message in Japanese to our friends
エ　give our message about the event to your friends

問3　英文中の[　　　]には，次の**ア**～**エ**のいずれかが入る。会話と手紙の内容から考えて，最も適当なものを，一つ選び，記号を書け。

ア　we have many local events everyone can join
イ　we can make more community centers for events
ウ　we have a summer festival only for local people
エ　we cannot get any information about our town's newspapers

問4　次の質問の答えとして，会話と手紙の内容から考えて，最も適当なものを，後の**ア**～**エ**から一つ選び，記号を書け。

Why did Kenta and Saki write a message to Ms. Miller's friends in their town?

ア　Because it is necessary for Kenta and Saki to practice English with people from other countries.
イ　Because Kenta and Saki wanted to communicate with Ms. Miller's friends and become friends.
ウ　Because Ms. Miller told Kenta and Saki to take their friends to the traditional Japanese event.
エ　Because making rice cakes will be a good way for Ms. Miller's friends to visit Midori junior high school.

3　次の英文を読んで，後の各問に答えよ。

Kana is a member of the English club in her high school. She often talks with Mr. Brown, an English teacher. He traveled around the world before coming to Japan. He often talks about his experiences in many countries. Kana enjoys listening to them in her club. She wants to do something related to foreign countries, but she hasn't decided what to do in the future. One day, she consulted with Mr. Brown. He said, "I have an American friend who works in many different countries. His name is Mark. He'll come to Japan soon. If you talk with him, you may get some ①clues from him."

Three days later, Mark visited Kana's school. Kana told him about her concerns. He said, "In my high school days, I didn't have any clear goals about my future. When I was a university student, I did volunteer work abroad. Then, I realized I liked teaching children. After graduation, I founded a company for giving an education to children around the world. We have some popular classes, like foreign languages, music, and art." Kana wanted to listen to him more. He told her that she could work as a volunteer member in his company. She was a little worried, but she decided to try it.

During her volunteer work, Kana made a plan for an English class with picture books. She taught small children English with Mark. It was a great experience for her. After the class, Kana asked Mark, "What makes you happy in your work?" He answered, "Many children improve their English through my classes. ②That is my driving force to work hard." Kana was impressed by his words.

Later at school, Kana talked with Mr. Brown. Kana said, "Mark took his first step by doing volunteer work and found his own career. He really enjoys his work now. I also want to find my own career." Mr. Brown said, "You've already taken one step forward!"

Kana has learned an important thing. People should try something even if they don't know what to do in the future. Now she is very interested in working in other countries, so she is going to study abroad. She will keep moving forward to find her own future goal.

(注)

related to ～ ········	～に関係のある	consulted with ～ ····	～に相談した
concerns ············	心配なこと	volunteer ················	ボランティアの
founded ·············	設立した	driving force ··········	原動力
was impressed ·····	感銘を受けた	career ·····················	生涯の仕事
forward ··············	前方へ，先へ	even if ～ ···············	たとえ～だとしても

問1　次の質問の答えを，7語以上の英語で書け。

What does Kana enjoy doing in the English club?

問2　下線部①を別の語で表現する場合，最も適当なものを，次の**ア**～**エ**から一つ選び，記号を書け。

ア　memories　　　**イ**　hints
ウ　questions　　　**エ**　tests

問3　下線部②の具体的な内容を，英文中から探し，日本語で書け。

問4　英文の内容に合っているものを，次の**ア**～**カ**から二つ選び，記号を書け。

ア　Mark worked as a volunteer member in foreign countries when he was a high school student.
イ　The company Mark started gives an education to children around the world.
ウ　In her volunteer work, Kana was given a plan for an English class and taught small children with picture books.
エ　Kana was impressed by Mr. Brown's words when she talked with him after her volunteer work.
オ　Mr. Brown told Kana that she had to do volunteer work to find her own career.
カ　Kana realized that it's important to take action and try to find what to do in the future.

問5　次の質問にどう答えるか。6語以上の英語で書け。

What would you teach children if you were a teacher?

4

あなたは，今年の夏，海外で1週間ホームステイをする予定である。ホームステイ先の家族から，どこへ一緒に行きたいかメールでたずねられた。あなたはどのような返事を書くか，行きたい場所を次の三つから一つ選び，【条件】にしたがって書け。

- a supermarket
- an art museum
- the sea

【条件】
・最初の文は，I want to go to [　　　　]. を用いること。
　解答用紙の[　　　　]の中にある，選んだ語句を丸で囲むこと。
・最初の文は語数に含めずに，選んだ理由とともに30語以上の英語で書くこと。

(3) ア He thinks staff members should clean the school in Japan, too.

イ He thinks students in America should clean the school by themselves.

ウ He is going to tell Sarah’s classmates in America about Japan.

エ He can understand more about Japan by learning about America.

問題 4　英文を聞いて，質問に答える問題

〈問 1〉 オーストラリアに留学している恵子(Keiko)が，自然宿泊体験〔Nature School〕について資料を見ながら，先生から説明を受ける。それを聞いて，(1)～(3)の質問に答えよ。

※(1)は**ア**，**イ**，**ウ**，**エ**の中から一つ選び**記号**で，(2)は（　）内にそれぞれ**1語の英語**で，(3)は**2語以上の英語**で答えよ。

(1) How long will it take from Keiko’s school to Green National Park by bus?

ア About thirty minutes.

イ About one hour.

ウ About two hours.

エ About two hours and thirty minutes.

(2) What can Keiko find while she is walking in the forest?

She can find some (　　　　　) (　　　　　).

(3) What will Keiko do around the lake on the second day?

〈問 2〉 英語の指示にしたがって答えよ。

※ **4語以上の英語**で文を書け。

次の(１)～(３)に答えよ。

(１) バスについてのグラフ上にある2点（0, 0）と（6, 9）を直線で結ぶ。この直線の傾きは，バスについての何を表しているか。正しいものを次の**ア～エ**から1つ選び，記号をかけ。

ア Ｐ地点を出発してから６秒間で進む道のり
イ Ｐ地点を出発してから９秒間で進む道のり
ウ Ｐ地点を出発してから６秒後までの平均の速さ
エ Ｐ地点を出発してから９秒後までの平均の速さ

(２) この道路上に，Ｐ地点から東に100m離れたＱ地点がある。バスがＱ地点を通過するのは，自転車がＱ地点を通過してから何秒後か求めよ。

(３) タクシーは，この道路を東に向かって，秒速10mで進むものとする。タクシーは，バスがＰ地点を出発した10秒後にＰ地点を通過する。
このとき，タクシーは，バスより先に自転車に追いつくことができるか次のように説明した。

説明

タクシーとバスのそれぞれが自転車に追いつくのは，バスがＰ地点を出発してから，タクシーが［ Ⓣ ］秒後で，バスが25秒後である。 ［ Ⓣ ］は25より①(ア 大きい　イ 小さい)ので，タクシーは，バスより先に自転車に追いつくことが②(ウ できる　エ できない)。

説明の［ Ⓣ ］にあてはまる数を求め，下線部①，②の（　）にあてはまるものを，それぞれ1つ選び，記号をかけ。

5 正方形ＡＢＣＤで，辺ＢＣ，ＣＤ上に，点Ｅ，Ｆを，ＢＥ＝ＣＦとなるようにそれぞれとる。
　このとき，ＡＥ＝ＢＦであることを，**図１**をかいて，△ＡＢＥ≡△ＢＣＦを示すことで証明した。

図１

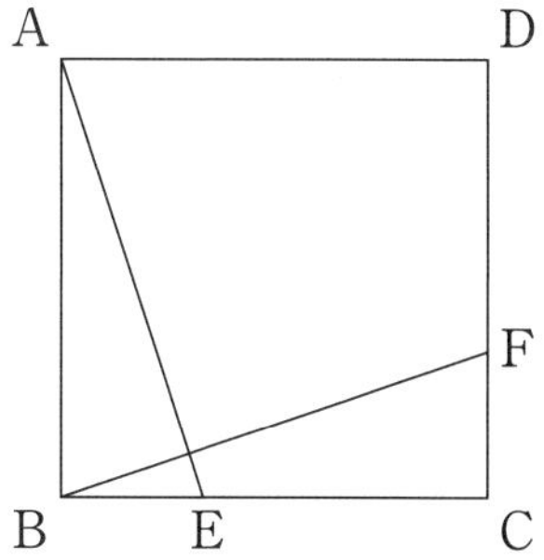

証明

△ＡＢＥと△ＢＣＦにおいて
仮定から，ＢＥ＝ＣＦ　　　　　・・・①
四角形ＡＢＣＤは正方形だから
　ＡＢ＝ＢＣ　　　　　　　　・・・②
　∠ＡＢＥ＝∠ＢＣＦ＝90°　　・・・③
①，②，③より，［　　　　　　　　］がそれぞれ等しいので
　△ＡＢＥ≡△ＢＣＦ
合同な図形では，対応する線分の長さはそれぞれ等しいから
　ＡＥ＝ＢＦ

次の（１）～（４）に答えよ。

（１）［　　　　　　　　］にあてはまる言葉をかき，上の**証明**を完成させよ。

（２）上の**証明**をしたあと，辺ＢＣ，ＣＤ上に，点Ｅ，Ｆを，**図１**の位置とは異なる位置に，ＢＥ＝ＣＦとなるようにそれぞれとり，**図２**をかいた。

図２

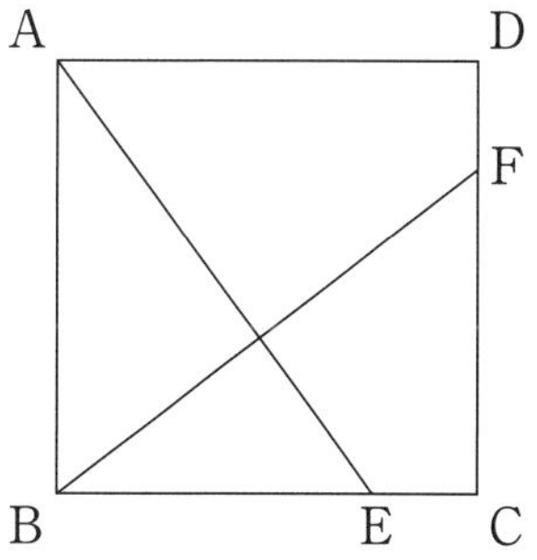

図２においても，**図１**と同じようにＡＥ＝ＢＦである。
このことの証明について，正しいことを述べているものを，次の**ア**～**エ**から１つ選び，記号をかけ。

ア　上の**証明**をしても，あらためて証明しなおす必要がある。
イ　上の**証明**で，すでに示されているので，証明しなおす必要はない。
ウ　上の**証明**の一部をかきなおして，証明しなければならない。
エ　上の**証明**をしても，線分ＡＥと線分ＢＦの長さを測って確認しなければならない。

（3） **図３**は，**図２**において，線分ＡＥと線分ＢＦとの交点をＧとしたものである。
図３において，△ＡＢＥ∽△ＡＧＢであることを証明せよ。
ただし，△ＡＢＥ≡△ＢＣＦであることは使ってよい。

図３

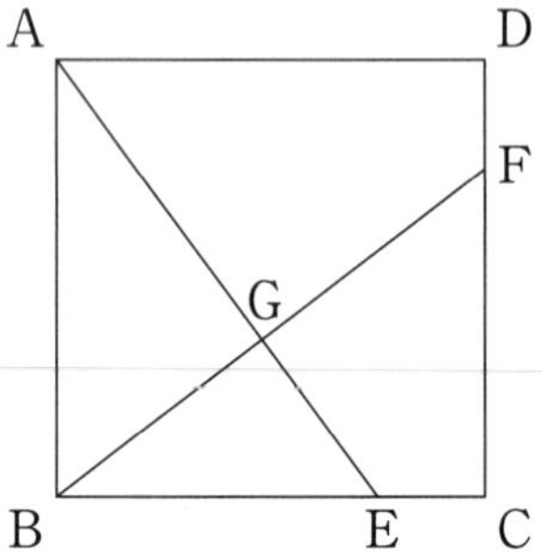

（4） **図３**において，ＢＥ：ＥＣ＝３：１のとき，四角形ＧＥＣＦの面積は，正方形ＡＢＣＤの面積の何倍か求めよ。

6　**図１**は，半径4cmの円Oを底面とし，母線の長さが6cmの円すいを表しており，円すいの頂点をAとしたものである。

図１

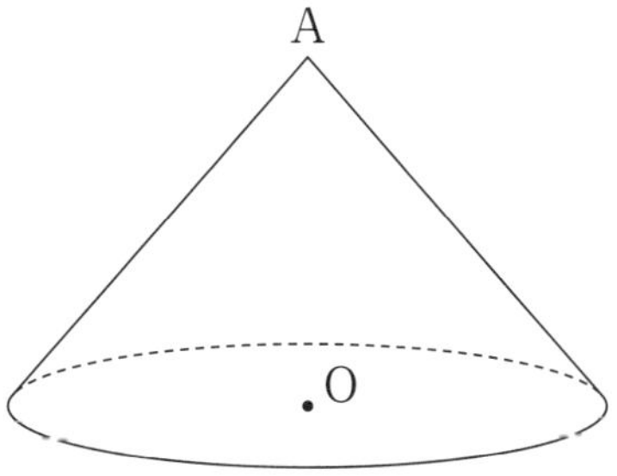

次の（１）～（３）に答えよ。答えに円周率を使う場合は，πで表すこと。

（１）　**図１**に示す円すいの表面積を求めよ。

（２）　**図１**に示す円すいと底面が合同で，高さが等しい円柱の容器に，高さを4等分した目盛りがついている。この容器の底面を水平にして，水を入れる。

　このとき，**図１**に示す円すいの体積と同じ量の水を入れた容器を表したものが，次の**ア**～**エ**に1つある。それを選び，記号をかけ。また，選んだ容器の底から水面までの高さを求めよ。

　ただし，容器の厚さは考えないものとする。

ア

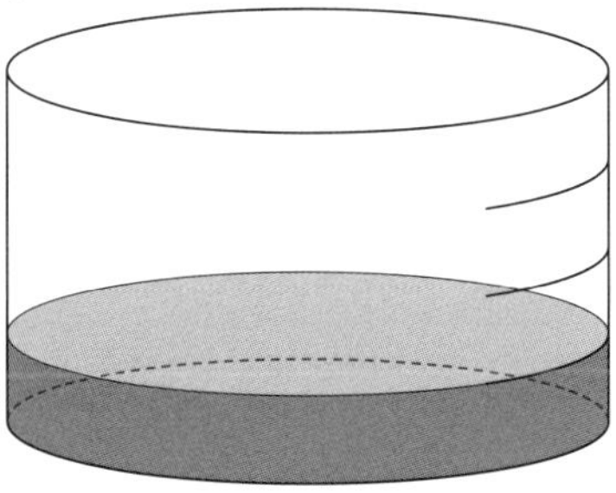

イ

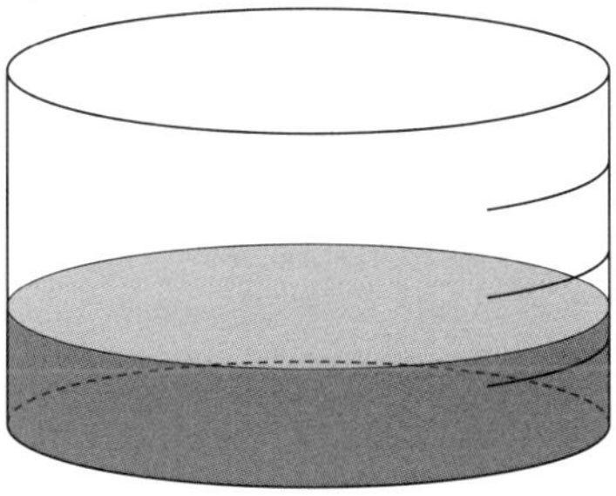

ウ

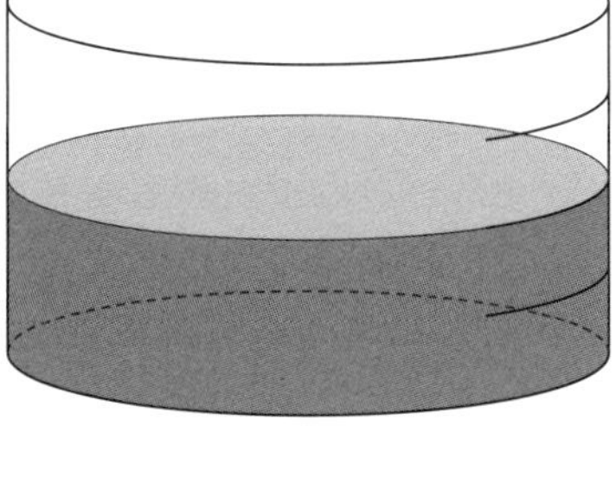

エ

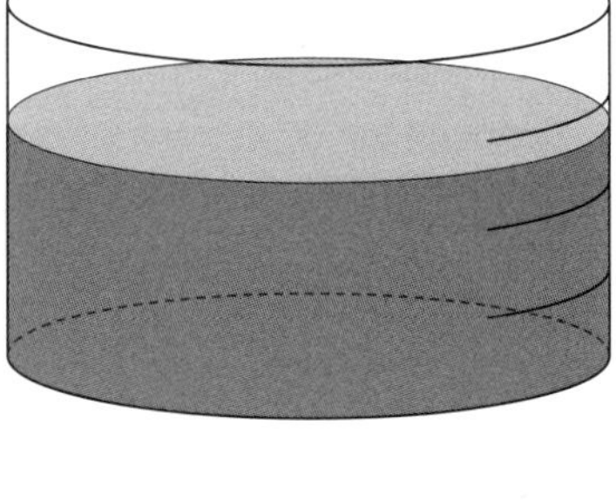

（3） **図 2** は，**図 1** に示す円すいにおいて，円Oの円周上に点B，Cを，∠BOC＝120°となるようにとり，△ABCをつくったものである。

図 2 に示す円すいにおいて，線分BC上に点Dを，AD＝CDとなるようにとるとき，線分ODの長さを求めよ。

図 2

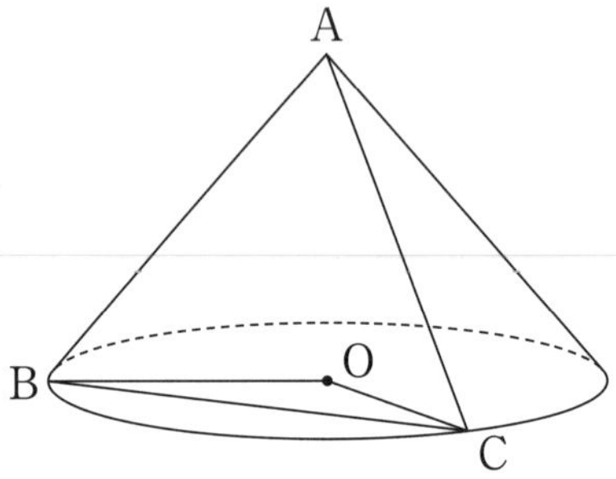

令和５年度学力検査問題

数　学

（50分）

注意

1　監督者の開始の合図があるまで，この問題冊子を開かないでください。

2　問題は，１ページから10ページまであります。

3　解答は，全て解答用紙の所定の欄に記入してください。

4　解答用紙の※印の欄には，何も記入しないでください。

5　監督者の終了の合図で筆記用具を置き，解答面を下に向け，広げて机の上に置いてください。

6　解答用紙だけを提出し，問題冊子は持ち帰ってください。

のことだ。

潔はただちに京都へ駆けつけた。両親に無断で大学をやめた彼はいずれにしても勘当同然の身の上だった。

「これだ、と思った。俺は仏師にはなれない。なにかがどうしても足りない。しかし、修復師として仏像に携わることならできる」

子供の頃から乗り物よりも怪獣よりも仏像に心惹かれた彼に残された、それが最後の砦《とりで》だった。

「この手で仏像を彫れないのなら、どこかの誰かが彫った仏像をこの手で救いたい。劣化した木材。風化した彫刻。みじめな仏をこの手で原型の――いや、原型以上の美しい姿にしてやりたい」

仏師への道に挫折した自らのみじめさを、潔は知らずしらず眼前の仏に重ねている。

梵鐘《ぼんしょう》びいきの村人どもからこけにされている不空羂索――。

「俺が直してやる。どこのどいつよりも美しい像にしてやる。誰もが地面にひれ伏して拝まずにいられない最高の仏に……」

心からの哀れみをこめてつぶやくときだけ、潔はこの超越的存在を超越したかのような、④罰当たりな錯覚に酔いしれるのだ。

「直してやる。俺が。完璧に。必ずこの手で……」

その錯覚は彼に言いしれぬ感動を与えた。時として彼は唇を震わせ、時として瞳に涙した。

憎悪《ぞうお》すべきは鐘の音だった。

どこかの誰かがいたずらに鐘を鳴らすたび、潔の感動は断ち切られる。そして⑤漆にかぶれた肌のむず痒《がゆ》さを思いだし、血まみれになるまで掻《か》きむしりたくなるのだ。

（森絵都「鐘の音」『風に舞いあがるビニールシート』所収
文春文庫刊による。一部改変）

（注）儀軌…仏教における、図像に関する規則。　真手…両手。　印相…仏像の手と指で作る形。　美大…美術大学の略。
懊悩…悩み苦しむこと。　梵鐘…寺院で用いるつりがね。

問一　本文中の①面《おもて》と同じ意味の語句を、別の漢字一字で書け。

問二　本文中の②それの指すものとして最も適当な語句を、本文中から二字で探し、そのまま抜き出して書け。

問三　次の□中の文は、本文中の③感謝しながらも、しかし一方で猛然と嫉妬したについて、潔が何に感謝し、嫉妬したかをまとめたものである。[ア]に入る内容を本文中から六字で探し、そのまま抜き出して書け。また、[イ]に入る内容を、十字以上、十五字以内でまとめて書け。

> 目の前の仏像に慰められるのは、「名もない一仏師」が「[ア]」をもっていたおかげだと考えた潔は、その仏師に感謝しつつも、自分にはできなかった[イ]を偶然にも成し得たことに激しく嫉妬したと読み取れる。

問四　本文中に④罰当たりな錯覚とあるが、具体的にはどのようなことか。二十五字以上、三十五字以内で考えて書け。

問五　本文中に⑤漆にかぶれた肌のむず痒《がゆ》さを思いだし、血まみれになるまで掻《か》きむしりたくなるのだとあるが、ここから読み取れる潔の気持ちを、解答欄の下の「気持ち。」という語句に続くように、二十五字以上、三十五字以内で考えて書け。

三　次は、『荘子《そうじ》』という書物にある話【A】と、その現代語訳【B】である。これらを読んで、後の各問に答えよ。句読点等は字数として数えること。

【A】

荘周《さうしう》、家貧なり。①ゆゑに往《ゆ》きて粟《ぞく》を監河侯《かんかこう》に貸る。監河侯曰《いは》く、諾。我将《まさ》に邑金《いふきん》を得んとす。将に子に三百金を貸さんとす、可ならんか、と。荘周、忿然《ふんぜん》として色を作《な》して曰く、周、昨来《きた》るとき、中道にして呼ぶ者有り。周、顧視すれば、車《しや》轍《てつ》中《ちゆう》に鮒魚《ふぎよ》有り。周、之《これ》に問ひて曰く、鮒魚来れ、子は何為《なんす》る者ぞや、と。対《こた》へて曰く、我は東海の波臣なり。君豈《あ》に斗升《としよう》の水有りて我を活《い》かさんか、と。周曰く、諾。我且《まさ》に南のかた呉越の王に遊ばんとす。西江の水を激して子を迎へん、可ならんか、と。鮒魚、②忿然として色を作して曰く、③吾《われ》は我が常与《し》を失ひ、我、処《を》る所無し。吾、斗升の水を得ば然《しか》も活きんのみ。君乃《すなは》ち此《これ》を言ふ。曽《すなは》ち早く我を枯魚の肆《し》に索《もと》めんには如かず、と。

（注）荘周…中国の戦国時代の思想家。　監河侯…河川の水利を監督する役人。
三百金…黄金三百斤《きん》。一斤は六〇〇グラムに当たる。　斗升…一斗は一升の十倍で、一八・〇三九リットルに当たる。
呉越…呉の国と越の国。

【B】

※現代語訳

（文章非公表のため、掲載しておりません。）

（『新釈漢文大系　第8巻　荘子（下）』による。一部改変）

問一　【A】の①ゆゑにを、現代仮名遣いに直し、全て平仮名で書け。

問二　【B】にⅠ言った、とあるが、この後の「　」で示した部分には、『　』の付いていない会話の部分が一箇所ある。その会話の部分と対応する箇所を【A】から探し、初めの三字をそのまま抜き出して書け。

問三　【A】に②忿然として色を作してとあるが、どの提案を受けて「忿然として色を作し」たのか。【A】から十三字で探し、初めと終わりの三字をそのまま抜き出して書け。

問四　【A】の③吾《われ》は我が常与を失ひ、我、処《を》る所無しという書き下し文になるように、解答欄の漢文の適当な箇所に、返り点を付けよ。

問五　次の□の中は、【A】、【B】を読んだ堤さんと小島さんと先生が、会話をしている場面である。

堤さん　【A】の「曽《すなは》ち早く我を枯魚の肆《し》に索《もと》めんには如《し》かず」という鮒の言葉は、遠回しに言っているけれど、「ア」をもらわないと干からびてしまうという意味なのですね。

小島さん　なるほど。【A】では、「イ」を荘周に、「ウ」を鮒にそれぞれ置き換えて、例え話を進めています。監河侯という職が水利を監督する仕事であることに関連して、鮒を用いる巧みな例えではないかと思います。

先生　そうですね。『荘子』は、日本の古典にも大きな影響を与えています。【A】は、日本の古典『宇《う》治《じ》拾《しゅう》遺《い》物語《ものがたり》』の中にも収められており、「後の千金の事」という題で話がまとめられています。

堤さん　【A】と「後の千金の事」とでは、内容に何か違いはあるのですか。

先生　例えや内容はほぼ同じですが、千金が入ったらさしあげようと監河侯が言うと、鮒の例えの後に荘周が「今日《けふ》の命、物《もの》食はずは生《い》くべからず。後の千金《こがね》さらに益《やく》なし」と言ったことが付け加えられています。

小島さん　特に「後の千金《こがね》さらに益《やく》なし」を踏まえて考えると、鮒の例えでも荘周の逸話でも共通して言いたいことは、エということだと分かりました。

先生　二人とも、例え話に着目して、【A】の内容について深く考えることができましたね。

(1)　ア、イ、ウに入る語句として最も適当なものを、次の1〜6からそれぞれ一つ選び、番号を書け。

1　荘周　2　監河侯　3　三百金　4　鮒魚　5　斗升の水　6　西江の水

(2)　エに入る内容を、十字以上、十五字以内で考えて書け。

四

森さんの学級では、次の【資料】を基に、言葉や言葉の使い方について考えを述べることになった。あなたならどのような考えを述べるか。【資料】を読んで、後の条件1から条件5に従い、作文せよ。

【資料】

Ⅰ　あなたは，言葉や言葉の使い方について，社会全般で，課題があると思いますか。それとも，そうは思いませんか。（一つ回答）

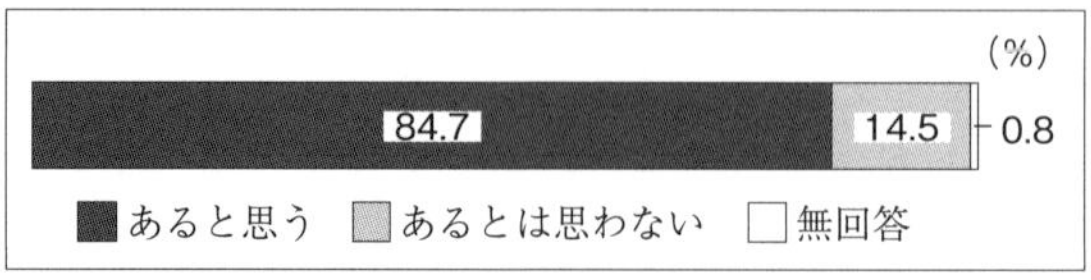

Ⅱ　（Ⅰで「あると思う」と答えた人に対して）
社会全般で，どのような課題があると思いますか。（幾つでも回答）

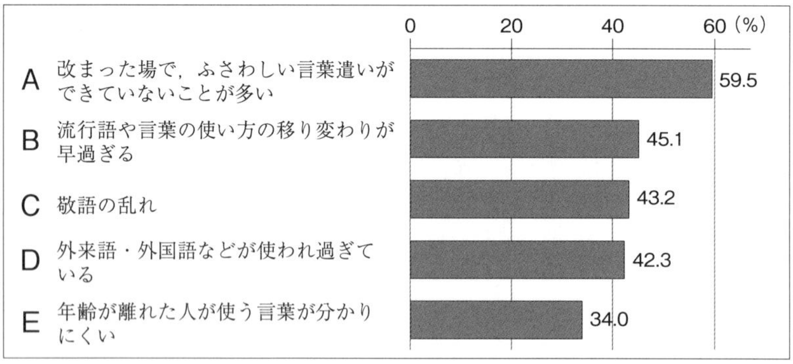

Ⅲ　あなたは，言葉や言葉の使い方について，自分自身に，課題があると思いますか。それとも，そうは思いませんか。（一つ回答）

Ⅳ　（Ⅲで「あると思う」と答えた人に対して）
自分自身に，どのような課題があると思いますか。（幾つでも回答）

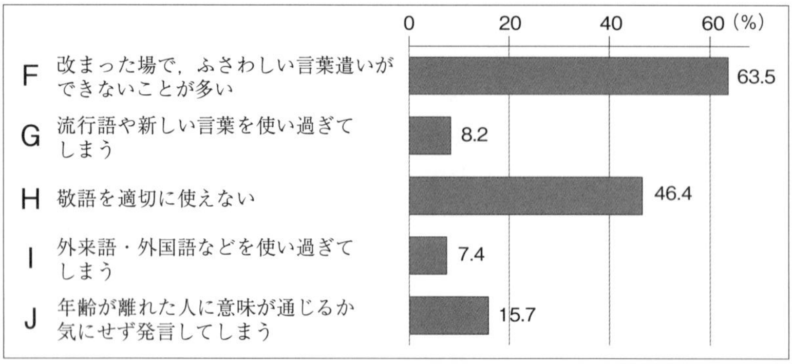

（16歳以上を対象に文化庁が実施した「令和３年度『国語に関する世論調査』」の結果を基に作成）

条件1　文章は、二段落構成とし、十行以上、十二行以内で書くこと。

条件2　第一段落には、**【資料】**のⅡのＡ～Ｅの各項目から一つ、ⅣのＦ～Ｊの各項目から一つ選び（どれを選んでもかまわない。）、選んだ二項目を比較して分かることと、それについてあなたが考えたことを書くこと。なお、選んだ二項目は、Ａ～Ｊの記号で示すこと。

条件3　第二段落には、第一段落を踏まえ、自分自身の言葉や言葉の使い方についてあなたが大切だと考えることを一つ挙げ、自分の知識や経験と結び付けて書くこと。

条件4　題名と氏名は書かず、原稿用紙の正しい使い方に従って書くこと。

条件5　グラフの数値を原稿用紙に書く場合は、左の例にならうこと。

例

0	・	2	%

34	・	5	%